TUDO
O QUE
IMPORTA

TUDO O QUE IMPORTA

Uma vida transformada pelo minimalismo

Joshua Fields Millburn & Ryan Nicodemus

Tradução
Carolina Simmer
Nina Lua

1ª edição

Rio de Janeiro | 2021

CIP-BRASIL. CATALOGAÇÃO NA PUBLICAÇÃO
SINDICATO NACIONAL DOS EDITORES DE LIVROS, RJ

M59t   Millburn, Joshua Fields
      Tudo o que importa: uma vida transformada pelo minimalismo / Joshua Fields Millburn, Ryan Nicodemus ; tradução Carolina Simmer, Nina Lua. – 1ª ed. – Rio de Janeiro: BestSeller, 2021.

      Tradução de: Everything that remains: a memoir by the minimalists
      ISBN 978-65-5712-072-9

      1. Minimalismo. 2. Estilo de vida. 3. Técnicas de autoajuda. 4. Bem-estar. 5. Memória autobiográfica. I. Nicodemus, Ryan. II. Simmer, Carolina. III. Lua, Nina. IV. Título.

21-69717
                                                                                                                                 CDD: 158.1
                                                                                                                                 CDU: 159.947

Camila Donis Hartmann – Bibliotecária – CRB-7/6472

Texto revisado segundo o novo Acordo Ortográfico da Língua Portuguesa.

Título original:
Everything that Remains: A Memoir by The Minimalists

Copyright © 2014 by Joshua Fields Millburn and Ryan Nicodemus.
All rights reserved.

Copyright da tradução © 2021 by Editora Best Seller Ltda.

Todos os direitos reservados. Proibida a reprodução,
no todo ou em parte, sem autorização prévia por escrito da editora,
sejam quais forem os meios empregados.

Direitos exclusivos de publicação em língua portuguesa para o Brasil
adquiridos pela
EDITORA BEST SELLER LTDA.
Rua Argentina, 171, parte, São Cristóvão
Rio de Janeiro, RJ – 20921-380
que se reserva a propriedade literária desta tradução

Impresso no Brasil

ISBN 978-65-5712-072-9

Seja um leitor preferencial Record.
Cadastre-se no site www.record.com.br e receba informações
sobre nossos lançamentos e nossas promoções.

Atendimento e venda direta ao leitor
sac@record.com.br

Para Colin

"E aí, então, meu camarada, qual é a sua história?"

— DAVID FOSTER WALLACE,
Graça infinita

Sumário

Um breve recado para os leitores. 11

PARTE UM | TUDO
1. Fantasmas fluorescentes. 15
2. A hora de sair do lugar 39
3. A tragédia norte-americana. 49
4. Janelas abertas. 59
5. A força se move devagar. 85
6. O som do minimalismo 105
7. Clareza 133

PARTE DOIS | O QUE IMPORTA
8. Uma vida com uma boa curadoria. 151
9. Lua de colheita 181
10. Thoreau e o Unabomber entram em um bar 187
11. Lindos acidentes. 207
12. Retrovisores e para-brisas. 223

Notas finais, por Ryan Nicodemus. 241

Um breve recado para os leitores

Este livro é uma obra de não ficção. Mais ou menos. Sabe, todos os personagens e entidades que aparecem aqui são reais e todos os eventos aconteceram mesmo, mas às vezes tivemos que inventar umas coisas (por exemplo, diálogos específicos, datas exatas, a variação de cores no céu).

Estruturado como uma conversa entre os dois autores que durou cinco anos, ao longo de um livro, *Tudo o que importa* foi escrito por mim (Joshua Fields Millburn) como uma narrativa em primeira pessoa, com interrupções propositais — comentários, interjeições e observações engraçadinhas — de Ryan Nicodemus. Essa estrutura é bem parecida com nossas interações na vida real (isto é, gostamos — demais — de interromper um ao outro). No livro, porém, as interrupções de Ryan ocorrem na forma de notas finais.[1] Essas notas podem ser lidas quando as interrupções ocorrerem ou ao fim da leitura do livro. Como tudo o mais que acontece na vida, a escolha é sua.

Vale mencionar que um punhado de nomes — de pessoas e empresas — foi modificado para evitar reclamações de certos indivíduos.[2] Ocasionalmente, recorremos a algumas liberdades criativas para ajudar no fluxo e na continuidade do livro, que foi enxugado (com razão) do auge da fartura, com mais de mil páginas, até seu atual formato mais esguio. E é quase certo que Ryan e eu nos confundimos ou não conseguimos chegar a um consenso sobre algumas pessoas/acontecimentos, e, mesmo assim, essas falhas de memória continuam sendo *verdadeiras*, de um jeito esquisito. Afinal de contas, a verdade é uma questão de perspectiva, né?

Por falta de um termo melhor, decidimos dizer que este é um *livro de memórias*. Acredite, sei que parece pretensioso escrever um livro de memórias aos 32 anos. Só que não é bem assim — o livro está mais para um monte de lições de vida organizadas em narrativa, permitindo que Ryan e eu exemplificássemos muitos dos assuntos que discutimos em nosso site, *TheMinimalists.com*, expandindo-os por meio de histórias e conversas.[3] Além do mais, *autobiografia* parecia um termo muito formal e pomposo, um título reservado para gente mais importante: presidentes, milionários e atores mirins viciados em drogas. Se você detestar a ideia de chamar isto aqui de livro de memórias, fique à vontade para chamá-lo de outra coisa. Diga que é uma obra de não ficção prescritiva. Diga que é uma história pessoal. Diga que é um livro de receitas para ter uma vida com mais sentido. Use o nome que quiser. Não vou me importar.

— JFM

Parte um ‖ Tudo

1 || Fantasmas fluorescentes

Dezembro de 2008

Nossa identidade é moldada pelas máscaras que usamos. Estou sentado em uma sala de reunião apertada, cercado por fantasmas que usam camisas sociais e calças com pregas. Há 35, talvez quarenta pessoas aqui. Gerentes de nível intermediário, todos nós. A maioria é branca, a maioria é homem, todos manifestam apatia. A expressão média do grupo é a de alguém que sofre de agorafobia.

Uma planilha Excel é projetada em uma grande lona pendurada no teto, diante da sala. A lona é fina e rachada, em um tom de off-white que sugere ser uma relíquia da época em que os funcionários podiam fumar ali dentro. O restante do ambiente é agressivamente branco: as paredes são brancas, o teto é branco, as pessoas são brancas, como se tudo fosse feito do mesmo material. Bom, todo mundo com exceção de Stan, que está sentado no fundo da sala. Quarenta e cinco por cento da população de Cincinnati é composta por negros, mas Stan faz parte da porcentagem de um dígito da nossa empresa. Seus comentários, raramente solicitados pelos executivos, costumam ser dispensados com um aceno de cabeça e um sorriso forçado. Apesar de ter o tamanho de um jogador de futebol norte-americano, Stan é um anjo de tão bom. Mas isso não me impede de secretamente torcer para que ele um dia fique de saco cheio dos sorrisos arrogantes e resolva remodelar o rosto de olhos esbugalhados de algum dos nossos chefes.

É impossível não ver o logotipo enorme da Broadspan na parede atrás de nós, uma águia opressora desenhada com uma linha, suas asas esticadas, carregando as vogais unidas da empresa em suas garras. "Aqui, Agora", nosso slogan secreto, aparece em Helvetica Bold logo abaixo do desenho. Se você repetir "Aqui, Agora" várias vezes, a expressão começa a ganhar um sentido metafísico, um truísmo profundo que não foi planejado pelos caras de gravata fina do departamento de marketing.

No momento, estamos trancados no 11º andar. Esta é a última Reunião de Vendas de Segunda-Feira do ano. Não consigo ver um único raio de luz natural do meu lugar, sentado entre meu chefe e o chefe do meu chefe, ambos com sobrenomes irlandeses e aparências quase idênticas. O ambiente cheira a produtos de limpeza industrial e anos de ressentimento. Cada assento diante da grande mesa de reunião de fórmica está ocupado, então os atrasados são obrigados a permanecerem de pé, se agrupando no fundo da sala como se estivessem na fila do confessionário. A mesa está cheia de planilhas impressas e copos de café do Starbucks meio vazios. Alguém boceja atrás de mim, causando vários outros bocejos pelo grupo. O tédio é contagioso.

A planilha projetada está fora de foco, então estamos de frente, apertando os olhos, tentando encontrar algum significado naquele borrão. O projetor emite um ruído branco contínuo que todos fingem ignorar. Mas eu não consigo. Como conseguiria? O zumbido incessante controla a atmosfera ao nosso redor, fazendo todos os outros sons de reféns.

As luzes no teto estão parcialmente desligadas. Nosso grupo é iluminado pela meia-luz, um brilho fluorescente horroroso que nos faz parecer um pouco doentes. Outro bocejo surge do lado oposto da mesa. E então mais outro. Um homem com bochechas vermelhas rechonchudas funga duas vezes e depois limpa o nariz com a manga da camisa.

Ryan Nicodemus, meu melhor amigo há vinte anos, o único que não usa gravata, entra na reunião com um copo de café gigantesco, um sorriso pesaroso e dois dias de barba por fazer na mandíbula proeminente. Ele está bronzeado, confiante e muito atrasado.[4]

Meu chefe (ou o chefe do meu chefe?) faz uma pergunta que só percebo ser direcionada para mim quando escuto meu nome:

— ... então como você explica a queda nos índices de venda casada esta semana, Millie?

Metade dos meus colegas de trabalho me chama de Millie, um apelido que pode soar carinhoso ou condescendente, dependendo da pessoa que o usa e do tom de sua voz. Olho para a direita, depois para a esquerda. Os dois homens estão focados na tabela iluminada na frente da sala, o rosto vermelho com o princípio de rosácea crônica, uma condição que os faz parecer eternamente irritados, envergonhados ou, de alguma maneira, as duas coisas ao mesmo tempo. A tabela, desinteressante e confusa, foi organizada em verde e vermelho, algo muito apropriado, considerando que o Natal é daqui a três dias. Mas o esquema de cores não é proposital; ele é sempre igual, em todas as reuniões, não importa a época do ano: verde significa bom; vermelho, ruim. O vermelho domina o borrão hoje.

Olho para os números e tento exibir uma expressão suficientemente insatisfeita, seguida por uma da minha dúzia de respostas rápidas padrão, algum jargão sobre gastos com marketing, GRPs e TPRs, e algumas outras siglas que me fazem parecer bem informado sobre a situação. Metade da sala concorda com a cabeça, em solidariedade, seguindo o ritmo do meu raciocínio conciso. Os chefes parecem satisfeitos com a minha explicação. Finjo fazer algumas anotações no meu bloco de notas amarelo, algo "útil". Ryan, agora parado na lateral da sala, apenas balança a cabeça para a minha lenga-lenga. O projetor continua zumbindo, seu volume aumentando a cada segundo. HHHMMMMM.[5] Os chefes mudam seu foco para o próximo enrolão.

Aos 27 anos, sou o diretor mais jovem em 140 anos de história da nossa empresa. Por um tempo, achei que isso fosse impressionante. Sabe, um título admirável com o qual me vangloriar quando alguém me fizer, como sempre fazemos, aquela pergunta fatal: "O que você faz da vida?" E eu responderei com certo ar de orgulho eficiente: "Sou diretor de operações de 150 lojas."

Impressionante, né? Bom, nem tanto. Sabe, tudo aconteceu por acidente. Em mais de um sentido, minha vida inteira aconteceu por acidente, então é difícil entender como exatamente cheguei Aqui, Agora.

O acidente começou no dia 29 de junho de 1981, às 14h39, em Dayton, Ohio, uma cidade industrial de classe média baixa que produzia carros. Cheguei ao mundo bem no fim da Geração X, a geração egoísta, que só pensa em si mesma, com um pai de 42 anos com transtornos mentais e uma mãe alcoólatra de 36. Nós éramos a receita para uma família problemática.[6]

Lowell, meu pai grisalho, de ombros largos, sofria de esquizofrenia e tinha relacionamentos persistentes e elaborados com pessoas que não existiam no mundo real — pessoas que conspiravam contra ele para estragar sua vida. Ele era mais alto que a maioria dos homens altos, com o corpo largo de um ex-jogador de futebol norte-americano, três vezes maior que minha mãe, Chloe. Ela era mais bonita que o marido. Juntos, eles não passavam de dois corpos emaciados e simplórios, chafurdando em seu tormento mútuo.

Minha primeira lembrança da infância é de nós três sentados na nossa saladeestar na Green Street, eu no sofá, meu pai com uma expressão espasmódica e fria enquanto apagava um cigarro no peito desnudo da minha mãe, pouco abaixo de sua clavícula. (Um quarto de século depois, minha esposa reclama dos pesadelos que ainda tenho, me sacudindo e gritando no meio da madrugada.) Minha mãe finalmente largou Lowell um ano depois; ela começou a beber mais nessa época. Eu tinha 3 anos.

Só vi Lowell mais uma vez, aos 7 anos, no Natal. Muito tempo depois, encontrei sua certidão de óbito; uma cardiomiopatia alcoólica avançada foi apontada como a causa do seu ataque cardíaco. A única lembrança que tenho do seu enterro é de minha mãe lutando contra um guarda-chuva quebrado sob um céu fechado, com a mola superior incapaz de prender o apoio das hastes, fazendo com que ele fechasse o tempo todo. Não lembro da viagem de 6 horas até Chicago para o funeral nem do trajeto de volta, mas a chuva no cemitério foi torrencial, sem dar trégua.

Por boa parte da pré-adolescência, achei que dinheiro tivesse duas cores: verde e branco. Minha mãe às vezes vendia nossas notas brancas na porcentagem de dois para um — cinquenta centavos por um dólar —, porque só podia comprar bebidas alcoólicas com as notas verdes. Nunca vi os panfletos com orientações nutricionais que o governo mandava junto com as notas brancas, que eram cupons para comprar comida, entregues na nossa casa no começo de cada mês.

Minha mãe só conseguia empregos em período integral que pagavam um salário mínimo, mas nunca se mantinha neles por muito tempo, porque, nas épocas de bebedeira, ela passava dias trancada no nosso apartamento de um quarto em um prédio de dois andares, quase sem comer, apenas enchendo a cara e fumando sem parar seus Salem Lights, que tirava de um maço de papel verde, cambaleando, caindo e se escondendo em nosso sofá manchado.

Vinho tinto era sua bebida favorita, apesar de ela se contentar com latas compridas de cerveja Milwaukee's Best — ou seja lá qual fosse a marca que estivesse em promoção na semana — quando não tinha dinheiro para bancar as garrafas que ficavam nas prateleiras mais baixas da loja de bebidas a sete longos quarteirões da nossa casa. Às vezes, o dono da loja deixava minha mãe comprar cerveja fiado.

A caminhada até lá era sempre cheia de animação e de uma ansiedade empolgada, que encobriam a vergonha dela como uma névoa espessa; o trajeto de volta, por outro lado, era carregado de expectativa nervosa, como a de uma criança que volta do mercado com um brinquedo novo, removendo a embalagem complicada antes mesmo de chegar em casa e começando a brincar dentro do carro. De forma parecida, minha mãe não aguentava esperar o trajeto de volta para abrir seu saco de papel marrom — *só uma cerveja*, justificava para si mesma, para ninguém —, então os últimos três quarteirões eram a parte mais difícil do caminho entre a loja e a nossa casa, com ela às vezes sentando em um banco para descansar. Mas, quando fazia uma parada, ela quase sempre tomava outra cerveja — *só mais uma, para relaxar* — e, em várias ocasiões, alguém encontrava a mulher de quarenta quilos dormindo em um banco a poucas quadras de casa, coberta pela luz errática dos postes, agarrada a um saco de papel.

Minha mãe voltava para o nosso apartamento úmido, que cheirava levemente a urina, latas vazias de cerveja e fumaça acumulada de cigarro — consigo sentir o cheiro até hoje — e, quando estava bêbada demais para chegar à cozinha, tinha o hábito de esconder as latas vazias sob a saia de tecido na base do sofá. Às vezes ela não conseguia ir ao banheiro sozinha. As almofadas do sofá foram viradas ao contrário diversas vezes. Baratas corriam sempre que eu acendia a luz. Elas pareciam vir do apartamento do vizinho. Ele era um homem gentil e solitário, um veterano da Segunda Guerra Mundial com 70 e poucos anos, que parecia ter pertences suficientes para encher três ou quatro apartamentos e não tinha medo de insetos, porque já tinha visto coisa muito pior, ou talvez porque eles lhe fizessem companhia.

"Ame o próximo" era o versículo de Mateus 22 que minha mãe resmungava sempre que matava uma barata com o chinelo. Quando ela bebia, a frase se transformava em "Foda-se o próximo", e, durante boa parte da infância, achei que fossem duas passagens bíblicas diferentes, uma contradição do tipo Velho Testamento contra Novo Testamento.

Minha mãe era católica devota. Ela rezava todos os dias, várias vezes por dia, na verdade, segurando seu rosário, rezando até seu dedão direito e seu indicador manchado de nicotina formarem calos, avançando pela linha cheia de contas, murmurando os velhos pais-nossos e ave-marias, e até a oração da serenidade dos Alcoólicos Anônimos, pedindo por favor a Deus que tirasse aquilo dela, que a curasse de sua doença, de sua DOENÇA, por favor, Deus, por favor. Mas, mesmo com todas as orações, a serenidade não vinha. Na minha cabeça pré-adolescente, Deus parecia ser mau, inútil, ou talvez as duas coisas, se é que Ele existia.

Eu teria que tirar meus sapatos se fosse contar nos dedos quantas vezes cortaram nossa luz na Warren Street,[7] algo mais comum de acontecer com a gente do que com nosso vizinho. Quando a energia acabava no meio do inverno e fazia frio demais para ficarmos em casa, minha mãe e eu saíamos para "passeios" especiais, a fim de dormir na casa de vários homens diferentes. Um deles — um cara grande que usava gravata, uma característica estranha, já que os homens na nossa vizinhança só usavam gravata para ir à missa de domingo — acabaria sendo condenado por molestar várias crianças.

Minha mãe passava as tardes dormindo enquanto eu brincava com minha pequena coleção de bonecos Comandos em Ação, guardando cuidadosamente cada um em caixas de plástico de forma organizada e metódica sempre que eu terminava de brincar, controlando a única coisa possível de ser controlada em meu mundo desordenado, separando sistematicamente os soldados bonzinhos em uma caixa, os malvados em outra e suas armas em um terceiro recipiente. De vez em quando, alguns soldados trocavam de lado, passando a ser bons ou maus.[8]

Sacolas de mercado às vezes surgiam na nossa varanda manchada pelo tempo e deteriorada, ao lado do buraco que antes era coberto por três tábuas de madeira. Minha mãe dizia que havia rezado para santo Antônio e que ele tinha encontrado comida para nós. Passei longos períodos vivendo à base de manteigadeamendoim, pão de forma e comida industrializada cheia de açúcar, tipo biscoito recheado e bala, tudo patrocinado por santo Antônio.

Aos 7 anos, caí dessa mesma varanda. Uma tábua de madeira podre cedeu sob o peso do meu rechonchudo corpo pré-adolescente, criando um buraco com um metro e vinte de profundidade, me jogando de cara na calçada embaixo. Houve sangue, choro e um pânico duplo estranho: primeiro, pelo sangue que escorria do meu queixo, manchando minha roupa de vermelho; e depois pela minha mãe, que permaneceu imóvel no sofá quando entrei em casa aos berros, balançando os braços, sem saber o que fazer. A caminhada solitária até o pronto-socorro tinha pouco mais de três quilômetros. Ainda tenho as cicatrizes dessa queda.

Durante o ensino fundamental, eu voltava da escola para uma casa vazia, enquanto minha mãe trabalhava no turno da tarde, ou a encontrava desmaiada no sofá, com um cigarro ainda aceso no cinzeiro e três centímetros de cinzas intocadas, quase alcançando o filtro. Era como se ela não entendesse como uma mãe *deveria* se comportar. Minha professora do primeiro ano usou o termo "criança largada" mais de uma vez para se referir a mim, mas eu não entendia o que isso significava. Fiz amizade com várias pessoas de certos grupos à margem da sociedade, porém nunca tentei me adaptar aos seus hábitos nem me integrar completamente a um grupo específico. Permaneci à margem por todo o ensino fundamental e, quando cheguei à puberdade, e depois ao ensino médio, quase todos os meus amigos eram garotos da vizinhança, delinquentes juvenis e traficantes, da mesma idade que eu ou um pouco mais velhos. Havia Jerome e Patch e Jamar, Judton e Mook e Pacho, J-9 e BLR e Big Will, a maioria dos quais acabaria na prisão antes de completarmos 20 anos. Ryan não aparecia muito naquela época; seu pai não deixava.

Aos 14 anos, eu tinha todas as responsabilidades de um adulto, sem hora para voltar para casa, e passava minhas noites e fins de semana lavando pratos na filial local de uma cadeia de restaurantes que parecia só atender a geriatria, ganhando quatro dólares por hora. No meu aniversário de 16 anos, minha mãe me surpreendeu com dois presentes: sobriedade e uma máquina de escrever elétrica, que veio de uma loja de penhores do outro lado da cidade. (Não sei de onde veio a sobriedade.)

No começo, achei que aquele seria um dos muitos episódios em que minha mãe parava de beber por pouco tempo — anteriormente ela já tinha passado vários meses seguidos sóbria —, até eu voltar para casa bem tarde em uma noite qualquer e encontrá-la descarrilada de novo. Desta vez, porém, foi diferente. Desta vez minha mãe se manteve nos trilhos. Não estava claro o que havia causado aquele novo desejo por uma vida de autocontrole, e era difícil acreditar nela depois de tantos anos de luta contra o vício. Mesmo assim, toda noite, ao voltar para casa, eu colocava a chave na fechadura com medo e me encolhia ao abrir a porta, certo de que encontraria minha mãe jogada no sofá, semiconsciente, com três centímetros de cigarro queimado apoiados no cinzeiro. Contudo, sempre que eu chegava ela estava acordada, feliz e produtiva, uma nova mulher abstêmia. Em poucos meses, minha mãe encontrou um emprego em um escritório de advocacia local, que pagava pouco mais do que um salário mínimo, e nos mudamos para um apartamento levemente melhor, sem baratas, em um bairro pequeno do outro lado da cidade. Até abandonei a dieta de pão de forma e biscoito recheado e passei a comer comida caseira gostosa. Mas, sempre que eu abria aquela porta, a sensação nunca mudava, e não saber se ela voltaria a beber era, de certa forma, pior do que chegar em casa e encontrá-la bêbada e apagada. Era outro tipo de inferno saber que uma recaída podia acontecer a qualquer momento, porque eu não conhecia outra vida; era isso que ela fazia, essa era a nossa normalidade.

Saí da casa da minha mãe no dia do meu aniversário de 18 anos, levando comigo uma mala de lona grande, minha máquina de escrever e uma década de arrependimentos futuros.

Eu estava convencido de que, se arrumasse um emprego e ganhasse dinheiro suficiente, seguiria um rumo diferente do da minha mãe; de algum jeito eu encontraria a felicidade.[9] Então passei meus 20 anos enfrentando o mercado corporativo. Recém-formado no ensino médio, pulei a faculdade e encontrei um emprego como vendedor júnior na Broadspan, uma grande empresa de telecomunicações que me "deixava" trabalhar seis dias na semana, às vezes sete, de 10 a 12 horas por dia. Eu não era muito bom, mas aprendi a me virar — e, depois, a melhorar.

Com minha primeira comissão, comprei uma televisão grande, um sistema de som surround e uma pilha de DVDs. Aos 19 anos, eu ganhava cinquenta mil dólares por ano, mais do que já tinha visto meus pais levarem para casa, mas gastava 65. Então, talvez o dinheiro não fosse comprar a minha felicidade. Ou talvez eu só precisasse me ajustar à inflação.

Então passei a trabalhar mais, para ganhar mais, doando mais horas enquanto meus 20 anos evaporavam. Aos 22, comemorei minha primeira grande promoção fazendo algo que eu imaginava que todo mundo faria: construí uma casa em um bairro residencial, com um financiamento sem juros. Tudo na minha cultura reafirmava essa decisão e até me dizia que aquele era um investimento seguro (isso foi cinco anos antes de a bolha imobiliária dos Estados Unidos explodir). E não era uma casa qualquer; era uma monstruosidade gigantesca, de dois andares, com três quartos, duas salasdeestar e um porão completo (a mesa de pingue-pongue que eu mal usava viria mais tarde, e também foi financiada). Tinha até um quintal com cerca branca. Sério.

Pouco tempo depois de construir a casa, me casei com uma mulher maravilhosa. Mas eu estava tão vidrado na minha carreira supostamente impressionante que mal me lembro da cerimônia. Sei que choveu no dia e minha noiva de olhos castanhos estava linda. E me lembro de ter ido ao México para a nossa lua de mel (financiada). Mas não me recordo de muita coisa além disso. Nem me lembro do dia exato do casamento. Quando voltamos com nossos bronzeados e alianças douradas, retornei para o trabalho, enchendo nossa garagem com dois automóveis de luxo e nossa nova casa com móveis e eletrodomésticos chiques, me endividando cada vez mais no processo. Eu vivia a mil por hora, correndo rumo ao "sonho americano", alguns anos à frente das pessoas na minha faixa etária, que também teriam os mesmos gastos absurdos, porém uns cinco anos depois, quando estivessem quase chegando aos 30. Mas eu estava acima da média — eu era uma exceção, né?

Depois de uma série de promoções — gerente de loja aos 22, gerente regional aos 24, diretor aos 27 —, eu era um executivo em ascensão, alguém quase importante. Com muito trabalho e se tudo acontecesse como deveria, eu poderia ser vice-presidente aos 32 anos, vice-presidente sênior aos 35 ou 40 e alcançar o alto escalão — diretor executivo financeiro, diretor executivo de operações, diretor-geral — aos 45 ou 50, seguido, é claro, por um pacote de benefícios. Aí eu teria chegado ao topo! Só precisava passar mais uns anos sendo infeliz e aguentar firme as políticas e burocracias corporativas que já conhecia tão bem. Era só seguir em frente sem olhar para trás.

Mas, é claro, ninguém gosta de ser infeliz sozinho. Então, cinco anos atrás, convenci meu melhor amigo, Ryan, a se juntar a mim no mercado, e até lhe ensinei a subir o primeiro degrau A subida é empolgante para os novatos. Eles veem um potencial ilimitado e possibilidades infinitas, seduzidos pela promessa de salários maiores e cargos sofisticados. Como não gostar daquilo? Ele também foi crescendo, ultrapassando cada etapa com uma precisão magistral, se tornando um dos melhores vendedores — e depois, um dos melhores gerentes de vendas — da empresa toda.[10]

E, agora, cá estamos nós, submersos em luz fluorescente, jovens e nitidamente bem-sucedidos. Alguns anos atrás, um dos meus mentores, um empresário de sucesso chamado Karl, me disse: "Você não devia perguntar a um homem que ganha vinte mil dólares por ano como ganhar cem mil." Talvez essa máxima também seja válida para homens tristes e a felicidade. Todos os caras que imito — os homens que mais almejo ser, os vice-presidentes e executivos — não são felizes. Na verdade, são infelicíssimos.

Não me leve a mal, eles não são pessoas ruins, mas foram transformados por suas carreiras, tanto no sentido físico quanto no emocional: eles explodem de raiva por bobagens; estão acima do peso e não têm qualquer preparo físico; vivem fazendo careta com a testa franzida, reclamando como se o mundo conspirasse contra eles, ou fingindo um otimismo que não engana ninguém; estão no segundo, terceiro ou quarto (!) casamento; e quase todos parecem solitários. Completamente sozinhos em um mar de puxa-sacos. Sem mencionar os problemas de saúde.

Estou falando de problemas sérios: obesidade, gota, câncer, ataques cardíacos, pressão alta, tudo que se pode imaginar. Esses caras sofrem de todos os males associados a estresse e ansiedade. Alguns até os ostentam como se fossem medalhas mórbidas, agindo como se aquilo fosse honroso, um ato de coragem ou algo assim. Um colega de trabalho muito próximo, com uma trajetória parecida com a minha, recentemente teve seu primeiro ataque cardíaco — aos *30 anos*!

Mas eu sou a exceção, né?

Sério? O que me torna tão diferente? Simplesmente dizer que sou diferente não me torna diferente. Todo mundo *diz* que é diferente, que vai fazer as coisas de um jeito diferente, que tudo será diferente quando eu for o chefe ou que só preciso sacrificar mais algumas semanas/meses/anos até conquistar o que quero. No entanto, quando conquistamos o que queremos, seja lá o que *isso* for, e aí? Nós não trabalhamos menos.[11] Quando muito, passamos a trabalhar mais. Mais horas, com mais exigências, mais responsabilidade. Viramos cachorros nos debatendo contra a coleira das nossas obrigações. Sempre de sobreaviso, como se fôssemos médicos, cuidando de e-mails e mensagens e telefonemas enquanto vivemos acoplados à nossa tecnologia. Ao contrário dos médicos, porém, não salvamos ninguém. Caramba, não salvamos nem a nós mesmos.

Alguém boceja do outro lado da mesa, Travis ou Kent. Ou foi Shawn? E agora eu estou bocejando. Não são nem 9 horas da manhã e já estou no meu terceiro café, tomando goles enormes, tentando compensar a noite mal dormida, de sono agitado. Estou cansado de estar tão cansado. Tenho pesadelos com o meu trabalho quase todas as noites. Os sonhos costumam ser sobre o meu chefe gritando comigo ou pedindo que eu faça algo que não entendo. Geralmente acordo em pânico, enjoado de tanta culpa.

O projetor produz o barulho perseverante para continuar iluminando a imagem desfocada. HHHMMMMM. Meu telefone, um BlackBerry fornecido pela empresa, vibra na mesa diante de mim. HHHMMMMM. O nome da minha mãe, "Mãe", aparece na tela. Clico no botão de ignorar. Não falo com ela desde... desde quando? Desde o Dia de Ação de Graças? Faz tanto tempo assim?

Minha mãe se mudou para St. Petersburg, na Flórida, alguns meses atrás, para aproveitar a "aposentadoria", o que eu acho que significa "viver da previdência social em um prédio pequeno para idosos, subsidiado pelo governo". Ainda não fiz uma visita, mas a Flórida parece ser legal. Pelo menos parece segundo os e-mails dela, que costumam vir acompanhados de fotos de praias bonitas, um pôr do sol desfocado e, principalmente, de uma yorkshire esganiçada chamada Sera (que é, literalmente, apelido para Serotonina) que minha mãe alimenta com sorvete e manteigadeamendoim e leva para passear pela cidade com suéteres coloridos e laçarotes combinando no topo de sua cabecinha. O mundo solitário da minha mãe gira em torno de Sera. Dá para ver pelas fotos, com mãe e cadela posando sorridentes no apartamento abarrotado, as bochechas e barrigas saudavelmente expandidas, elegantes em sua vida pós-aposentadoria. Elas parecem tranquilas e felizes, e minha mãe parece sóbria, exibindo um sorriso verdadeiro por trás da dentadura.

A tela do meu BlackBerry se ilumina de novo para avisar da mensagem de voz da minha mãe. A reunião está acabando:

laptops se fecham, as luzes no teto são acesas, uma sensação geral de alívio eletriza a multidão semianestesiada. A sala começa a se esvaziar, a ser desarrumada. Os fumantes escapam primeiro, seguindo para as saídas de ambos os lados como se fugissem de um prédio em chamas. Talvez fosse legal ser fumante agora, para ficar empolgado com alguma coisa. Olho para cima, e Ryan já sumiu, se desmaterializando, como sempre faz. Pouco depois, vejo seus pés sob a porta de um cubículo no banheiro, a calça abaixada em torno dos tornozelos, cobrindo parcialmente seus sapatos de quatrocentos dólares. Eu uso a mesma marca de oxford bicolor, engraxado e pronto para o trabalho. Estou lavando as mãos quando escuto a descarga e vejo a porta do cubículo se abrir com força.

— Como vão as coisas com a garota nova? — pergunto para o reflexo de Ryan.

— Qual? — responde ele, fingindo não entender.

— A ruiva. Aquela do bar — digo, e puxo uma toalha de papel do suporte na parede.

Na semana passada ele me apresentou a essa garota nova, de quem parecia gostar de verdade, mas esqueci o nome dela.

— Bom, como explicar? — Ele dá um sorriso irônico. — Nós saímos na sexta. Jantamos e depois fomos beber. Então pegamos o seu carro e voltamos pra casa dela. A gente começou a se pegar no sofá e, você sabe, uma coisa levou a outra. Nós dois tínhamos bebido demais. O negócio ficou meio esquisito. Não fora de controle. Só um pouco esquisito. Sabe, tirando a roupa e tal.

Ajeito meu cabelo no espelho enquanto ele continua sua história.

— Enfim, a gente apagou lá pelas 3 horas da manhã. Só que ela tinha de trabalhar às 8 horas. Então fiquei dormindo e falei que eu podia voltar andando para o meu carro. Não estava tão longe assim. Talvez a um quilômetro e meio dali. Então tudo bem, né? Mas, quando acordei, não consegui encontrar minha cueca nem meu cinto, e minha calça jeans estava rasgada bem no zíper, e eu estava todo cheio de glitter.

— Glitter?

— Fui andando até o carro parecendo ter me atracado com um unicórnio selvagem.

Eu o encaro com um olhar que era metade desdém, metade inveja. Apesar de ter se casado aos 18 anos, faz cinco que Ryan se divorciou, a mesma quantidade de tempo que estou casado. Na minha cabeça, ele tem a vida perfeita: se diverte, faz coisas interessantes, sai com mulheres bonitas. Eu, por outro lado, mal transo. Meu relacionamento sexual mais ativo é com a minha mão esquerda.

— O que você achou do episódio de *CSI: Miami* da semana passada? — pergunta Ryan, mudando de assunto, as mãos embaixo da torneira aberta.

— Eu não...

— É, também achei surreal — interrompe um Chad Ratcliff corpulento, diretor de algum departamento ambíguo. Ele meio que apareceu do nada; na verdade, em boa parte do tempo, nunca sei de onde ele surge. Aos 30 anos, seus cintos têm bem mais furos do que tinham no seu auge na época da escola, e seria de esperar que ele não conseguisse entrar e sair de conversas com tanta agilidade. Antes de eu conseguir responder, ele continua tagarelando: — Aquele cara com o boné do Yankees era o assassino do começo da temporada. Foi um final muito,

muito bom! Que jeito genial de terminar o ano. Nem imaginei que aquilo fosse acontecer, e vocês?

— Eu ia dizer que ainda não assisti ao episódio. Gravei pra ver hoje — digo, muito irritado.

— Ah, desculpa. Bom, não foi *tão* genial assim — recua Chad, girando e saindo do banheiro sem pegar uma folha de papel, com as mãos ainda pingando.

Ryan olha para mim e dá de ombros.

O corredor que leva aos elevadores é pintado de branco-hospital, impregnado por uma fluorescência vívida, um espaço fechado dentro deste prédio com um milhão de janelas. Estou frustrado. No caminho até os elevadores, só consigo pensar em como eu estava animado para assistir *CSI: Miami* à noite, o ponto alto do meu dia. Eu me imagino jogado no sofá, aconchegado diante da minha TV de tela grande com alta definição, com o som surround ligado, afundado no couro macio, com o laptop no colo, respondendo a e-mails enquanto David Caruso e sua equipe de policiais-cientistas solucionam crimes enquanto enfrentam "um clima tropical excitante e desafios culturais do sul da Flórida", apenas a algumas horas da casa da minha mãe. Não são nem 9h30 da manhã, e um colega de trabalho já conseguiu estragar minha noite. Tiro quatro comprimidos de Advil da minha pasta e os tomo com um gole de café.

O elevador apita e, quando as portas se abrem, o quadradinho cospe um punhado de funcionários, deixando uma pessoa lá dentro: o diretor-geral da nossa empresa, Rod Bracken. Ele é o tipo de cara com quem você não quer dividir um elevador. Na verdade, as pessoas fazem de tudo, tomando precauções enormes, muitas vezes irracionais, para evitar o pseudointerrogatório intimidador que sempre acaba acontecendo nas viagens

de elevador com ele. Pessoalmente, eu preferia correr uma meia-maratona de salto alto a dividir o mesmo espaço claustrofóbico com Rod. Mas é tarde demais para mim, então entro e aperto o botão do 16º andar. *Eu consigo — são só alguns andares.*
— E aííí! Jason! Que bom te ver!
A falsa animação de Rod interrompe meus pensamentos. Não sei por que ele acha que meu nome é Jason. É provável que tenha me confundido com Jason Epperson, um colega que tem um cargo parecido com o meu, mas é trinta centímetros mais baixo. Em questão de altura, Rod se classificaria entre alto e muito alto, mais ou menos do meu tamanho, mesmo assim parece se agigantar sobre mim. Suas roupas são caras, tudo feito sob medida; sua postura exala elitismo. Tão distante do meu mundo, é impossível imaginá-lo fazendo compras no supermercado, dobrando roupas ou colocando moedas em um parquímetro. Sua voz é rouca de cigarro, parecida com a de um apresentador de televisão conservador. Existe cem por cento de chance de ele ter votado em George W. Bush — duas vezes. Se bem que eu poderia ter feito isso também; era o esperado de nós naquele meio.
— Como vão as coisas nas lojas, Jason? — pergunta ele, estampando um sorriso de político no rosto envelhecido.
Rod é agressivamente bronzeado. Ele estica a mão grande para mim. Seu aperto é de matar. Ele sabe que gerencio uma série de lojas, mas não se dá conta de que também sou diretor, o que, de forma paradoxal, significa que não passo muito tempo nas lojas que são de minha responsabilidade, principalmente porque estou aqui, no centro, me desgastando em reuniões infinitas: reuniões sobre marketing, reuniões sobre produtos, reuniões sobre demonstrativos, reuniões sobre operações, reu-

niões sobre promoção de vendas, reuniões sobre fidelidade de clientes, reuniões sobre fornecedores, reuniões sobre como reter clientes, reuniões sobre recursos humanos. Às vezes, temos reuniões pré-reuniões, isto é, reuniões sobre reuniões que ainda vão acontecer. Eu queria estar brincando.

Cogito explicar isso tudo para Rod, mas me controlo e dou uma resposta delicadamente equilibrada, sendo vago e específico ao mesmo tempo, uma baboseira planejada de forma estratégica, salpicada com alguns dados reais que, espero, ajudem essa baboseira a não soar como uma, hum... baboseira.

A esta altura, eu não me admiraria se o elevador estivesse voltando. Ele acabou de apitar, anunciando a chegada ao 12º andar. Rod me encara com um olhar solene. Será que ele percebeu que estou falando besteira? Então, quase de repente, o caixão móvel para, e sou salvo quando as portas se abrem como numa cena bíblica e ele sai para o elegante piso de madeira do 12º andar — o famigerado andar do alto escalão. É estranho que o andar deles seja mais abaixo do meu, como se precisássemos atravessar as profundezas do inferno para voltar ao purgatório.

Rod se volta para o elevador e me olha nos olhos.

— Estamos precisando de um bom mês de vendas. Conto com você, Jason — diz ele enquanto as portas se fecham entre nós.

Sou tomado pelo alívio. Aperto o rosto com a mão direita, puxando o ar com força pelas narinas e, depois de passar mais dois andares prendendo a respiração, solto o ar como um yogue.

Nada acontece no caminho até minha sala no canto do andar — passando pela fazenda de cubículos de cor de molho rosé, depois pela sala de descanso cor de mijo e suas máquinas de vendas automática irritantes, depois pela cena clichê de duas mulheres conversando diante do bebedouro. Um bando de fumantes está voltando, andando devagar entre as divisórias espumosas, mais bovinos do que humanos, seus dentes tomando um tom de sépia sob as luzes fortes do 16º andar. Minha sala no canto é menos impressionante do que parece. O espaço minúsculo, frio e desinteressante meio que lembra a maneira como filmes antigos retratavam o futuro — de um futurismo falso, o futuro do passado. Minha vida inteira acontece dentro destas paredes. Atrás de mim, tenho a vista do arranha-céu do outro lado da rua, que é quase idêntico ao arranha-céu em que estou sentado agora, uma vista da vista dele da minha vista da vista dele, quase que uma ilustração de M. C. Escher da vida real. A chuva acerta silenciosamente o vidro de aquário, grosso e fumê, apesar de ser impossível enxergar o céu do qual a chuva cai, restando apenas uma floresta de edifícios vertiginosos. Sem os prédios enormes que bloqueiam a vista, daria para enxergar o norte do Kentucky daqui, atravessando o rio Ohio, a quatro quarteirões do meu escritório.

Acordo o computador de sua soneca ao balançar com força o mouse. "In the Air Tonight", o hit com uma percussão pesada de Phil Collins, uma canção lançada no ano em que nasci, sai pelas caixas de som minúsculas do computador, saciando meu apetite digno de Patrick Bateman pelo trabalho solo de Collins. Não consigo me controlar e canto junto enquanto verifico a caixa de entrada do meu e-mail:

— *Well, I re-mem-BAH!**

Até imito a bateria dramática que leva ao refrão final de Collins:

---

* "Bem, eu me lembro", em tradução livre. [*N. da T.*]

— Do-DÁ-do-DÁ-do-DÁ-do-DÁ-dá-dá.

Minha caixa de entrada está lotada com 240 mensagens. Ding! Agora são 241mensagens, ainda se acumulando. Estico a mão para pegar um clipe de papel e acabo derrubando meu quarto café. O líquido quente toma conta do meu teclado antes de escorrer da mesa e cair na minha virilha.

— Merda!

Interrompo a cascata com metade de um pacote de papel ofício, cada página encharcada com meu erro.

No geral, minha vida acontece dentro de caixas. Toda manhã, saio da minha caixa-casa, dirijo minha caixa-carro até minha caixa-escritório, pego a caixa-elevador até minha caixa-sala, encaro a caixa iluminada na minha mesa, como um almoço de caixinha, entro e saio de caixa em caixa para várias reuniões (nas quais somos incentivados a pensar fora da, isso mesmo, *caixa*), dirijo minha caixa-carro até minha caixa-casa, esquento no micro-ondas um jantar de caixinha, o que significa que como diante da caixa idiota na minha caixa-saladeestar. Faço isso cinco ou seis dias na semana, cinquenta semanas por ano. Todo. Santo. Dia.

Hoje, ao meio-dia, almoço sozinho, minha única oportunidade de saciar minha sede eterna por solidão. A tarde é ocupada por uma reunião atrás da outra — nós usamos o termo Reunião de Segunda-Feira —, nas quais apareço com a calça suja e o coração acelerado. Durante cada uma, concordo com a cabeça com todos que falam, interessado; acrescento um entusiasmo forçado em intervalos apropriados, torcendo para impressionar aqueles que preciso impressionar. As reuniões acabam às 17h30, apesar de boa parte do meu andar ter ido embora uma hora antes. Mas esses malandros não estão no mesmo ritmo que eu. Não estão dispostos a fazer sacrifícios para alcançar os mesmos objetivos que eu. Sejam lá quais forem eles.

Sacrifícios. Que palavra interessante. O que ela significa? Costumo me perguntar se estou me sacrificando o suficiente, mas talvez eu devesse fazer perguntas melhores, do tipo: estou amando o suficiente? Estou me importando o suficiente? Estou contribuindo o suficiente? Acho que eu não gostaria das respostas, então deixo esse pensamento de lado.

Toda manhã, chego ao escritório antes de o sol nascer, quando o céu ainda está com aquela cor de berinjela madura. Na maioria dos dias, sou o primeiro ou o segundo a aparecer no 16º andar (às vezes, o chefe rabugento do meu chefe chega antes de mim, mas faz tempo que isso não acontece; ele está se divorciando, e dizem que a situação está bem complicada). O truque é chegar no trabalho cedo e ir embora tarde, matando dois coelhos com uma cajadada só: (1) os chefes ficam impressionados com a quantidade imensa de horas trabalhadas; e (2) você foge do trânsito, algo importante, já que moro em um exúrbio (o subúrbio do subúrbio), uma cidade residencial no meio do caminho entre Cincinnati e Dayton. Mesmo sem trânsito, levo 45 minutos para chegar em casa, tempo que triplica na hora do rush. Então, na maioria das noites, fico no escritório até às 19 horas, quando só restamos eu e Omar, o faxineiro nigeriano amigável, que nunca parece envelhecer e adora molhar demais as plantas de todo mundo.

— Quer que eu esvazie seu lixo, Sr. Millburn? — pergunta Omar, como faz todas as noites.

— Você pode me chamar de Joshua — lembro a ele.

— Sim, senhor, seu Joshua — diz Omar, e então remove o plástico fino da minha lixeira. — Feliz Natal — acrescenta ele antes de se virar e sair da minha sala.

Ele passa ali todas as noites para esvaziar meu lixo e me dar "oi". Já estabelecemos essa rotina. Meu relacionamento com Omar é melhor do que com noventa por cento da minha família.

— Feliz Natal — respondo.

Estou sentado na minha sala, lendo a pilha interminável de e-mails e perdendo minha partida de paciência. O sol invernal já se pôs, e um rastro vermelho-sangue de crepúsculo é refletido pelas janelas do outro lado da rua. Olho para o meu telefone e me lembro de ouvir minhas mensagens.

— Você tem oito mensagens novas — informa a voz robótica e britânica de uma mulher.

A segunda é da minha mãe; a voz dela toma conta do aparelho.

— Querido, sou eu. Você pode me ligar? É importante — diz a mensagem, apenas, seguida por vários minutos de silêncio enquanto ela tenta desligar.

Alguma coisa aconteceu. Dá para notar que ela estava chorando. Seu tom arrastado é abastecido por vinho tinto, indicando uma recaída. Phil Collins, empacado no *repeat*, continua cantando nas minhas caixas de som. Diminuo o volume e seleciono o número da minha mãe... então paro, o dedo pairando sobre o botão LIGAR, suspenso no tempo. Momentos passam enquanto encaro a tela do telefone, esperando. Não estou pronto para suportar o peso da revelação que ela está prestes a fazer, seja lá qual for.

2 || A hora de sair do lugar

Outubro de 2009

O clima no hospital de cuidados paliativos Suncoast é tão pesado que chega a ser difícil respirar. A iluminação no interior é suave e serena. Minha cadeira está ao lado da cama de minha mãe, seu pequeno quarto decorado com objetos aleatórios, coisas legais estrategicamente posicionadas para que ela se sinta mais em casa: porta-retratos, quadros e tudo o mais. Ao nosso lado, uma máquina complexa com uma tela de LED pixelizada foi montada para monitorar seus sinais vitais. A máquina está desligada.

Lágrimas queimam minhas bochechas. Choro pela primeira vez desde que me tornei adulto. Na foto empoleirada na mesa de cabeceira, minha mãe e eu sorrimos na praia. Além do sorriso, ela também exibe uma peruca loura.

Hoje de manhã, recebi uma ligação avisando que a situação havia piorado. Era melhor eu pegar um voo até lá, explicou a enfermeira. A mulher tentou colocar minha mãe ao telefone, mas ela estava incoerente. Os sons que emitia eram completamente diferentes de tudo que eu já tinha escutado dela, de tudo que eu já tinha escutado de qualquer pessoa. Como um personagem moribundo em um filme ruim, gemendo e gorgolejando, emitindo barulhos vagos, não palavras. Falei para minha mãe que eu a amava, desliguei o telefone, comprei uma passagem num voo de Dayton para Tampa e pedi a Ryan que me desse uma carona até o aeroporto.

Eu tinha falado com minha mãe no dia anterior. Suas palavras estavam arrastadas, mas semi-inteligíveis, e ela ainda estava consciente. Fazia alguns meses que sua memória de curto prazo tinha ido embora, desde que o câncer se espalhara dos pulmões para outros órgãos vitais e finalmente para o cérebro, mas sua memória de longo prazo parecia intacta, com tudo ainda lá, os momentos bons e os momentos ruins, todo o nosso passado congelado no tempo.

Sentado no banco do passageiro da picape de Ryan, enquanto ele me levava em silêncio para o aeroporto internacional de Dayton, eu remoía meus pensamentos sob o céu agitado do meio-oeste dos Estados Unidos. Nós seguíamos para o norte pela Terminal Drive, a menos de dois quilômetros do aeroporto, quando recebi a ligação. Minha mãe foi declarada morta às 14h47 da tarde de 8 de outubro de 2009. Ryan me abraçou e eu embarquei no avião.

O trajeto de táxi entre Tampa e St. Petersburg foi conduzido por um homem negro simpático com 40 e poucos anos, cabelo grisalho raspado e um sorriso amigável. Seu rádio só tocava Michael Jackson.

— Você está bem, cara? — perguntou ele, sentindo meu humor.

— Minha mãe está morrendo. — Eu não conseguia falar dela no passado; ainda nem tinha visto o corpo.

— Meus sentimentos, irmão — disse ele em um tom pesaroso, aumentando o rádio para me consolar. "You Are Not Alone" tocou nas caixas de som, e Michael Jackson foi me tranquilizando pelo resto da viagem.

São quase 19 horas da noite agora, com a última luz do dia sumindo do céu da Flórida pela janela do pequeno quarto de minha mãe no Suncoast, o pôr do sol atravessando as persianas em riscos compridos e repetitivos. Faz menos de cinco minutos que cheguei. A paz irradia do rosto benevolente dela, apesar de ele estar frio demais ao toque, mas não frio *frio* — não gelado —, apenas sem vida, a temperatura de um objeto, não de uma pessoa. Meus soluços são incontroláveis. Só me dou conta da chegada deles depois que já estão acontecendo, uma reação natural, como elementos químicos que se misturam e explodem, ou placas tectônicas se movendo, um tremor terreno de emoção.

Ela está tão minúscula, deitada ali, frágil e pequena, como se sua personalidade gigantesca nunca tivesse se estendido ao tamanho do seu corpo. Quero abraçá-la, levantar seu corpo frágil e desfalecido e segurá-lo em meus braços, dizer a ela que a amo, dizer que sinto muito, que eu não sabia o que fazer, que eu não era o adulto que fingia ser, que não era tão forte quanto ela achava que eu era. Quero dizer que eu faria as coisas de um jeito diferente. Quero gritar isso para minha mãe, para todo mundo. Parece que nós não sabemos amar as pessoas que amamos até elas saírem de nossa vida.

— Desculpa — digo entre os soluços. Minha camisa está molhada. O quarto é ocupado apenas por mim e o que resta da minha mãe, seu corpo, mas não ela. Ela não está ausente, simplesmente foi embora. — Desculpa. Desculpa. Desculpa — repito, indo para a frente e para trás na minha cadeira, no balanço de alguém com um distúrbio psiquiátrico.

Sinto a destruição do meu rosto. As lágrimas são uma catarse estranha, uma liberação de cada espasmo de culpa, raiva, arrependimento. Mas também são uma despedida para mim, essas lágrimas, a virada de uma página que eu não sabia que precisava virar.

Com o tempo, preciso ir embora; não há mais nada para dizer ou fazer. Minhas lágrimas secaram, então pego um táxi até o prédio em que minha mãe morava.

Seu apartamento, no segundo andar, tem coisas suficientes para encher pelo menos três casas. Tanta tralha. Não é o lar de uma acumuladora, mas há tantas posses materiais, 64 anos de acúmulo. Tudo, especialmente seus móveis antigos pesados, apertado sob o teto baixo, parece grande demais para o espaço que ocupa, como o cenário de um livro de Tolkien. A saladeestar está paramentada com sentimentos: dúzias de porta-retratos, álbuns de fotos recheados, quadros que ela tem desde que era pequeno. Enfeites ocupam cada canto possível e imaginável. Paninhos brancos artesanais cobrem a maioria das superfícies retas — mais paninhos do que consigo contar.

Ao lado da saladeestar fica a cozinha, onde os armários estão lotados de vários pratos, tigelas e canecas de conjuntos diferentes. Cada gaveta é dominada por utensílios bagunçados. Dentro do banheiro, uma década de maquiagem mora em um cesto de vime ao lado da privada, acima das quais as prateleiras estão belamente organizadas com produtos de higiene suficientes para abrir uma pequena loja de cosméticos. Quando abro um armário para avaliar seu conteúdo, encontro pilhas de toalhas de banho que não combinam, panos de prato, toalhas de praia, lençóis, cobertores e mantas. Parece que alguém estava abastecendo um hotel a partir desse armário minúsculo. Ainda nem entrei no quarto.

De repente, me ocorre pela primeira vez: preciso pensar no que vou fazer com todas essas coisas. Sento no sofá e olho ao redor. Fico de pé novamente. Olho ao redor. Observo tudo e então fecho os olhos, respiro pelo nariz. Sinto cheiro de *pot-pourri* — erva-doce e alecrim. Vou até o som dela, uma doação na época em que eu era adolescente. Só tenho um CD aqui, *Stray Age*, de um cantor e compositor do Kentucky chamado Daniel Martin Moore. Eu o coloco no som e passo para a quinta música, "Who Knows Where the Time Goes". Escutei esse CD em todas as visitas que fiz à minha mãe — sete viagens, sete semanas diferentes deste ano. Moore sussurra otimista por cima do suave som instrumental de piano e violão:

— *Ah, but you know, it's time for her to go.**

Está escuro do lado de fora da janela do apartamento de minha mãe. As luzes do centro de St. Petersburg levam até a orla, da qual consigo enxergar uma faixa dali da saladeestar. A água reflete o céu noturno, banhando tudo em mil tons de azul-escuro que se estendem além do horizonte. Eu afundo no sofá cinza, exausto e sem saber o que fazer. Fecho os olhos.

Quando finalmente os abro horas depois, sou cegado pelas superfícies brilhantes. O sol matutino entra pelas janelas, me irritando ao iluminar meu rosto e os objetos na sala, indiscrimi-

---

* "Ah, mas você sabe, chegou a hora de ela partir", em tradução livre. [*N. da T.*]

nadamente jogando sombras sobre tudo que é lindo e tudo que é feio. As paredes brancas gritam com o sol da Flórida. Tudo parece desbotado. Preciso de café e vários comprimidos de ibuprofeno.

De acordo com a mulher ao telefone, a empresa de aluguel de caminhões não tem um veículo grande o suficiente disponível. Ela diz que preciso esperar até amanhã, e está tudo bem; tenho muita coisa para empacotar hoje, começando com o armário lotado do quarto. Por que minha mãe tem tantos casacos de inverno? Ela mora na Flórida! Quer dizer, *morava* — ela morava na Flórida. Sinto uma pontada de tristeza. Ela não devia usar nenhum desses sapatos de salto alto. E terninhos? Sério, mãe? Terninhos! Quando foi a última vez que você usou um terninho? E é chocante ver todas essas blusas ainda com etiqueta. Aqui estão dois roupões de banho, novos, suas etiquetas de "PROMOÇÃO!" balançando como um lembrete amigável do desperdício de dinheiro. Mas acho que não posso julgar, né? Eu também tenho um monte de roupas que não visto, um monte de merda que não uso.

O que eu vou fazer com essas coisas todas? Quer dizer, não quero misturar as coisas da minha mãe com as *minhas*, então essa ideia está fora de cogitação. Keri e eu já temos uma casa abarrotada com nossos pertences pessoais: os móveis de saladeestar na saladeestar, os móveis de quarto no(s) quarto(s), os móveis de sala de televisão na... bom, você entendeu. Não tenho espaço nem no nosso porão enorme, com todos as latas e caixotes e caixas de plástico para guardar coisas.

Outra conversa por telefone revela que um serviço de armazenamento de móveis com espaço suficiente para os pertences da minha mãe (a maioria deles) "só" custa 220 pratas por mês. Não sou muito bom em matemática, mas minhas contas rápidas indicam um valor anual na casa de 1.500 dólares mais ou menos. Não é a coisa mais barata do mundo, mas que outra opção eu tenho, né?

Os objetos abrigados sob a cama alta de madeira maciça da minha mãe parecem ter saído de um livro de mistério ruim. Há várias cestas de vime (cestas de piquenique?) cheias de toalhas de mesa off-white manchadas (ela nem tinha uma mesadejantar). Ao lado, um vestido de casamento encaixotado ocupa vários metros cúbicos. Era o vestido de noiva dela? Espero que não — meus pais se divorciaram em 1984, a 1.500 quilômetros dali. E o que era aquilo? Três caixas estranhamente marcadas com 3, 4 e 1. Parecem caixas antigas de papel de impressora, meio pesadas. O papelão está lacrado com camadas de fita adesiva marrom. Há uma quarta caixa, numerada com um 2 grande. Arrá! Organizar as caixas desmascara o clímax desse mistério *à la* Dan Brown: 1, 2, 3, 4.

Mas o que há dentro das caixas? A primeira revela um conteúdo idêntico ao da segunda, cujo conteúdo é idêntico ao das outras duas: trabalhos antigos do ensino fundamental. *Meus* trabalhos do ensino fundamental, o período inteiro, do (você acertou) primeiro ao quarto ano, cada uma lotada com trabalhos de inglês, matemática, ciências e mais de inglês[12] (no fim das contas, eu não era muito bom em inglês, apesar de a minha letra infantil ser melhor do que os meus garranchos atuais). Caso encerrado.[13]

Mas aqui vai o mistério de verdade: por quê? Por que minha mãe guardou trabalhos de escola de décadas atrás? Era óbvio que aquilo não tinha utilidade para ela. Afinal, as caixas estavam lacradas, fechadas havia vinte anos, apenas paradas ali, restos de árvore dentro de um recipiente. Se ela estivesse ali, provavelmente me diria que estava guardando um pedaço de mim. Mas como? Eu nunca estive naquelas caixas. Eu não sabia nem que elas existiam até esse momento. E mesmo assim ela achou que poderia manter uma parte de mim — memórias de mim — se guardasse aquelas coisas. Esse pensamento me deixa furioso. Nossas lembranças não são nossas coisas. Nossas lembranças estão dentro de nós.

Mas espera um pouco: não estou fazendo a mesma coisa com os pertences dela? Só que, em vez de guardar tudo em caixinhas embaixo da cama, vou armazenar tudo que resta da minha mãe em uma sala gigantesca com um cadeado. E é bem provável que eu, assim como ela, deixe tudo lá, lacrado por uma eternidade, em um armazém fora da cidade, o local final de descanso das coisas dela.

Ao entender isso, pego meu telefone e faço uma ligação.

— Obrigada por ligar para a U-Haul, sua empresa de mudanças e armazenamento. Eu me chamo Randi. Como posso ajudar?

— Oi, preciso cancelar um caminhão.[14]

Duas semanas atrás, quando saí de Ohio, eu estava de casaco, mas não há necessidade de me agasalhar na Flórida. Aqui ainda faz tanto calor que parece que estamos no meio do verão, mesmo sendo outubro: 36 graus, 95 por cento de umidade relativa, o ar tão denso que meu cabelo se divide de um jeito estranho e se enrola como se estivesse bravo comigo. Começo a suar só de pensar em sair para a rua.

Passei os últimos 12 dias me desfazendo dos pertences da minha mãe: seus móveis, suas roupas, até seu estoque de paninhos, tudo vendido e doado para ajudar as instituições de caridade que a auxiliaram por nove meses de quimioterapia e radioterapia.

No calor dessa manhã vem a paz, um peso indescritível retirado dos meus ombros. Chamo um carro para me levar ao aeroporto, onde Ryan vai me buscar. Volto para casa com quatro caixas de fotografias e muitas lembranças dentro de mim. Antes de eu sair do apartamento, me viro e dou uma última olhada no espaço vazio, encarando a vastidão de tudo que se foi.

O som não está mais lá, mas Daniel Martin Moore continua cantando na minha cabeça: *Ah, but you know, it's time for him to go.** Talvez esta seja minha hora de sair do lugar. Uma vez me disseram que as células do nosso corpo se regeneram a cada sete anos, nos transformando em pessoas completamente novas no fim desses intervalos de tempo. Tenho 28 anos agora. Talvez essa seja minha quarta regeneração, minha chance de recomeçar, uma oportunidade de ser mais generoso com aquilo que recebi, porque é só isso que podemos fazer, e o tempo está passando.

---

* "Ah, mas você sabe, chegou a hora de ele partir", em tradução livre. [*N. da T.*]

3 || A tragédia norte-americana

NOVEMBRO DE 2009

No meio de tantas semanas trabalhando por 70 horas, de todo o tempo que passei tendo um suposto sucesso, não me *esqueci* do que é importante: simplesmente *não sei mais* o que é importante. E aqui estou eu, numa tarde de domingo, lambendo minhas feridas, amuado em meu novo apartamento, mais confuso do que nunca.

É um apartamento escuro, equipado com móveis novos e com minha incredulidade e meu descontentamento. A morte da minha mãe ainda paira sobre mim, e agora, no mesmo mês, meu casamento de seis anos chegou ao fim. Merda. Olhando ao redor, é difícil entender o que está acontecendo.

No entanto, mesmo quando tudo parece perdido, de algum jeito, ainda há tempo para fazer compras na IKEA. As expectativas sociais não perdoam. Todo mundo quer comprar o que ninguém pode vender.

Veja bem, quando saí de casa no começo da semana, carregando meus muitos pertences em cestos gigantes, caixas e sacos plásticos de cinquenta galões, a primeira coisa que fiz, é claro, foi comprar as coisas de que eu ainda "precisaria" para o apartamento novo. Só o básico, sabe? Comida, produtos de higiene pessoal, uma cortina para o chuveiro, toalhas, uma cama e, hum... ah, preciso de um sofá e uma poltrona de couro combinando e um banco e uma luminária e uma escrivaninha e uma cadeira para a escrivaninha e outra luminária para lá, e, ah, é, não posso esquecer do bufê que combina com a escrivaninha e uma cômoda para o quarto e, ah é, preciso de uma mesa de centro e duas mesas de cabeceira e uma mesa para a televisão que ainda não comprei e, olha que bonitas essas almofadas para sentar. Ah, são para o *sofá*. Bom, faz mais sentido assim. E, agora que parei para pensar, quero que o apartamento seja mais do "meu estilo", sabe? Do meu gosto, então preciso de itens de decoração para dar uma animada, mas, espera, qual é exatamente o *meu* estilo, e essas molduras prateadas combinam com ele? Essa réplica de um rascunho de Matisse representa com exatidão minha vibe de ousado porém profissional? Eu sou "ousado"? Que máquina de café expresso me define enquanto homem? O fato de eu estar fazendo essas perguntas é um sinal de que me falta aquele instinto que me tornaria um "homem alfa"? Quantos pratos/xícaras/tigelas/colheres um cara deve ter? Acho que preciso de uma mesa de jantar também, né? E um tapete para o hall e tapetes para o banheiro (tapetes de banho?) e aquela outra coisa, o negócio que é tipo um tapete, só que mais comprido? É, uma *passadeira*; preciso de uma dessas, e também vou precisar de...

Não se deixe enganar pelo Facebook. Existe um e apenas um status de relacionamento correto: complicado. Esse era o caso do meu casamento de seis anos. Não importa se alguém está casado há décadas, é recém-separado e saindo em encontros, ou está envolvido com algum triângulo poliamoroso complexo, todos os relacionamentos — de amizade, íntimos ou de qualquer outro tipo — são inerentemente complicados. Nós somos seres humanos, uma confusão de pensamentos e emoções e ações, mentirosos íntegros e traidores honestos, pecadores e santos, contradições ambulantes, sombra e luz. O segredo, então, parece ser lidar com as complicações antes de elas se acumularem, encontrar um denominador comum e mudar de rumo antes que seja tarde demais. Apesar de, para certas pessoas (*aham*) já ser tarde demais para mudar a rota. Todo mundo assistiu a *Titanic*.

Então, com todos os meus novos aparatos suecos no apartamento, esqueci de comprar cortinas, e não consigo encontrar nada nessas caixas para cobrir as janelas. Será que as pessoas na rua conseguem ver aqui dentro? Eu não consigo enxergar o lado de fora. É o primeiro fim de semana de novembro, e o outono está começando de novo; o verão parece tão distante. Algumas folhas teimosas ainda se agarram às árvores, resistindo à mudança de cor, enquanto eu continuo agarrado ao passado, resistindo ao inevitável. A maioria das folhas vibrantes, porém, já se libertou dos galhos opressivos. Tenho inveja da sua coragem, da sua determinação. Elas caem de um jeito tão gracioso.

Minha queda, por outro lado, não tem graciosidade alguma. Não, minha queda parece abrupta, íngreme, como a face pedregosa de um enorme penhasco. Mas nenhum galho me oprime. Se muito, eu sou o galho. Criei um regime próprio totalitário, do qual sou, ao mesmo tempo, o ditador e o povo oprimido, uma tirania perfeitamente solipsista.

Meus móveis novos, imaculados e brilhantes como os de uma loja, zombam de mim. Algumas fotos emolduradas me encaram com sorrisos artificiais sinistros. Elas sabem que sou uma fraude. Estou sentado no sofá de couro, sem saber o que devo fazer a seguir. Todas as ações possíveis parecem intimidantes, impossíveis. Solto uma risada nervosa como se houvesse esperança em meio a esse desespero. Pela janela, o céu da tarde está cheio de nuvens opacas que parecem poeira de giz espalhada pela atmosfera, como se algo errado tivesse sido apagado recentemente, mas ainda não corrigido.

As perguntas se acumulam sobre os escombros: Como isso aconteceu? Como nosso amor esfriou? Qual foi o primeiro sinal?

A verdade era que o meu casamento com Keri não era ruim; era bom. De fato, esse foi mais ou menos o problema: o casamento era *bom*, não ótimo. Para ser mais específico, Keri era ótima — bem mais do que sou capaz de explicar —, mas eu, não. Eu simplesmente fui me afastando do relacionamento, com minhas prioridades erradas.

Às vezes, quando estávamos jantando em um restaurante, mastigando nossa comida cara, em vez de conversar sobre nossos dias, nossos interesses, nossos desejos, eu ficava do meu lado da mesa dando atenção ao BlackBerry aceso em minha mão, digitando sem parar, respondendo a e-mails e mensagens, concentrado apenas no GTD,[15] em vez de aproveitar o momento e a pessoa real, em carne e osso, sentada diante de mim.

Depois do jantar, ainda no carro, eu geralmente retornava ligações perdidas e depois passava horas enfurnado no meu escritório de casa, apagando supostos "incêndios" no trabalho, que só existiam na minha mente incansável.

Trabalhei até na nossa lua de mel. Eu não prestava atenção nas coisas, não de verdade. E com certeza não tentei melhorar nosso relacionamento. Sem meias-palavras: eu era um marido de merda. Não estou sendo crítico demais comigo mesmo; essa é simplesmente a verdade. Nunca fiz nada horrível, mas isso também não é mérito algum.

Durante nossos seis anos juntos, as coisas degringolaram sem eu me dar conta de que estavam degringolando, e seguimos em direções opostas. Havia certos assuntos e certas questões — coisas importantes — que devíamos ter discutido anos antes: filhos, objetivos em curto prazo, objetivos em longo prazo, interesses, valores, crenças, desejos. Mas não fizemos isso. Bom, *eu* não fiz isso. Eu fugia dessas conversas como um boxeador se desviando de socos.

Este sofá não é tão confortável quanto parece. Todas as coisas novas e bonitas que enfeitam meu novo lar não fazem eu me sentir em casa. Assim como o resto da minha vida, o apartamento parece bom, mas só me transmite um vazio.

Fico me perguntando: era ali que meu eu de 18 anos planejava estar dez anos depois da sua emancipação? Infelizmente, sim, isto aqui é tudo que ele queria: posses materiais, um emprego que paga bem, um carro caro, esse estilo de vida, o sucesso ostensivo — ser confortado pela conformidade, sem se preocupar com o preço emocional nem com a tristeza deixada pelo caminho. Olhe ao redor. Aparentemente não há nada errado, mas não estou convencido.

Desde muito novo, fui tomado pelo fogo do consumo. No começo, o consumismo representava todas as coisas que eu queria, mas eu era pobre demais para comprar quando garoto: os jogos de videogame, as roupas de marca, o carro legal. Contudo, quando comecei a adquirir essas coisas, minha sede não foi saciada. Em vez disso, os parâmetros para o prazer mudaram, o nível subia a cada nova compra, a cada promoção, a cada extravagância falsa. Assim como uma onda de cocaína, nunca me dou por satisfeito, sempre quero mais. Sou como o cachorro de Pavlov, salivando de adrenalina enquanto a caixa registradora apita em uma comemoração discreta.

E agora? Foi necessário conseguir tudo que eu queria para ficar claro que tudo que eu queria não era o que eu queria de verdade? Estou cercado de coisas, de todas as coisas que eu deveria ter, de todas as coisas que me tornariam feliz, realizado, livre. Mas me sinto sufocado. Há um caos dentro de mim. Se o caminho até o topo é solitário, então o fundo do poço com certeza é abarrotado e horrível. No entanto, seja lá o que for esse sentimento, acho que preciso senti-lo. Passei tanto tempo anestesiado, mas estou pronto para sentir alguma coisa — até isso, a dor da perda e a tristeza espalhada.

Há um espelho de chão grande do outro lado da sala, refletindo a imagem reversa de tudo que me confina. Todas essas coisas. Também me vejo no espelho, um lotófago. Foi isso que passei a vida inteira desejando? Não. É óbvio que não, e, pela primeira vez, isso fica claro para mim. Finalmente consigo enxergar as peças e entender como elas se encaixam, dissipando as névoas. Sinto uma dor aguda; eu não quero *esta* vida. Quero algo diferente, uma vida com propósito, não um pesadelo que me convenceram ser o "sonho americano".

Não há nada de errado em fazer compras na IKEA, assim como não há nada de errado em ter um sofá ou uma televisão ou qualquer outra coisa. Os itens em si não são o problema. O problema de verdade sou eu. O problema de verdade é que passei uma década — passei *três* décadas — sem questionar meu consumismo descontrolado. Mas nossas chupetas nos fazem parar de chorar só por um tempo. Desejo atrai mais desejo. E, assim, o "sonho americano" recebeu o nome errado, é uma coisa bonita quebrada, como um carro novo sem motor. Há sangue na bandeira, nosso sangue, e, no mundo de hoje, com tanta ênfase em alcançar e ganhar e sempre querer mais, o "sonho americano" só parece insinuar que somos gordos e endividados, infelizes e vazios, cada homem sendo uma ilha, deixando um buraco que tentamos preencher com mais coisas.

Muito mais coisas. Minha cama desmontada está espalhada pelo chão do quarto em mil pedacinhos encaixáveis. Ryan disse que viria me ajudar a montar tudo, para eu tirar o colchão do chão. As instruções de montagem não têm palavras, só o desenho de um homem confuso tentando unir as peças.

Escuto uma batida na porta, seis ou sete baques ritmados. O olho mágico revela Ryan em uma calça jeans desbotada, camisa preta e fones de ouvido. Ele está cantando uma música chamada "She Likes Girls", de um músico local chamado Griffin House.

— *I've got a girlfriend, and she does too** — solta ele em um barítono desafinado abafado pela porta.

Ele faz uma pausa quando abro a porta, e, ao me ver do outro lado do batente, seus olhos azuis escurecem de preocupação. Ele tira os fones e pergunta:

— Como você está?

---

* "Eu tenho uma namorada, e ela também", em tradução livre. [*N. da T.*]

A pergunta ainda parece um pouco cantarolada, mas há uma preocupação verdadeira em sua voz.
— Entra — digo.
Ele entra e olha ao redor do apartamento. A porta se fecha às suas costas.
— Quando foi que você comprou todas essas coisas?

Uma lua enorme domina o céu escuro do lado de fora da minha janela. As estrelas piscam, tão brilhantes que fazem os postes serem inúteis. Minha cama está montada, e estou sozinho de novo, memorizando o teto. Ryan foi embora há muito tempo. Enquanto ele saía do apartamento, me perguntou se eu queria fazer alguma coisa durante a semana.
— Talvez. Podemos nos falar amanhã? — perguntei.
— Claro, se você quiser, mas a gente já se fala todo dia mesmo — disse ele, exibindo um sorriso bobo enquanto fechava a porta.
De acordo com o relógio na mesa de cabeceira que marca as horas se arrastando, são duas da manhã. Estou aqui deitado de costas, na imobilidade do quarto, me afogando em todas as palavras que eu nunca disse. Um estudioso do passado. Meus olhos não se fecham, as pupilas dilatadas diante da escuridão e dos lençóis vazios. A fria carícia do desamparo. Alguma coisa precisa mudar. Tudo precisa mudar.
Inalando o ar parado do quarto, olho pela janela e me sinto ameaçado pelo mundo atrás de seus vidros. Com o tempo, meus olhos se fecham sem permissão, o universo se perdendo dentro de mim mesmo. Durante a noite, aguento os sonhos, enfrentando-os, cada um mais real e intenso que o anterior.

O mais vívido é do meu trajeto de volta para casa — para o lugar que costumava ser minha casa —, por estradas secundárias vazias e campos cheios de neve sob as nuvens murchas do meio-oeste dos Estados Unidos ao pôr do sol. O céu parece perto da terra, com cor de crânio, cheio de poeira estelar e angústia. Um espantalho de folga se estica sobre os campos vazios, esperando para cumprir seu objetivo de vida. O carro parece andar sozinho, desassociado do meu corpo físico. Os postes arqueados da estrada estão desligados, me forçando a contar com meus instintos naturais e o farol alto do veículo para iluminar a jornada. E, quando os faróis começam a piscar, erráticos, e o céu cada vez mais escuro vence sua batalha contra o dia, não consigo enxergar por onde andar ou o que fazer. Meus instintos fracassam. O ponteiro no painel aponta para o nada, mas a jornada pela escuridão continua, e, então, o carro parece fazer uma curva, a superfície da estrada muda quando saio pelo acostamento, tornando impossível saber qual caminho é o certo e qual é o errado. Eu não planejei isso. Agarro o volante com as duas mãos e piso no freio com toda a força, esperando por uma punição divina, torcendo para sobreviver com o mínimo de danos possível. O som do cataclismo não é acompanhado por berros nem pelo guincho de metal batendo em metal como eu esperava, apenas os sons sinfônicos de vidro se quebrando, a janela se arrebentando em uma dissonância linda, desobedecendo às leis da física de acidentes de carro, se esfacelando antes do impacto, se preparando para a colisão, sem esperar pelo acidente, mas pronta para ele. Há uma cruz de flores no acostamento. Agora, tudo está parado, e, na escuridão, alguém abre a porta para mim. É o espantalho de folga.

Fora do carro, há um clima severo de julgamento exalando do terreno arenoso, tons de terra queimada sob céus turvos. Um dos postes arqueados se acende, criando sombras nos campos brancos ao nosso redor. De algum modo, a frente do carro se enroscou em um poste de telefone. O capô está amassado. Uma nuvem de fumaça e o vapor de meia dúzia de fluidos sai do motor, alcançando o poste curvado e indo além, até o céu e as estrelas e seja lá mais o que houver nos céus que testemunham esse acontecimento. Minhas mãos sangram, e não consigo entender o que aconteceu. Está frio. Eu me pergunto se deveria estar tão frio assim. O espantalho está parado a meu lado, nos limiares do acidente. Em um tom seco, ele diz:

— Você estava indo na direção errada.

É impossível discordar.

4 || Janelas abertas

Dezembro de 2009

Meu computador faz um barulho esquisito sempre que reinicia. Alguma coisa lá dentro estala e a ventoinha gira, e então vem um bipe, como se algo fosse resetado. O mês de dezembro parece ser um mês para resetar, um marco de quando o Agora atual termina e o próximo Agora está prestes a começar, esperando logo ali na curva, um momento em que o Antigo confronta o Novo de forma instável, abrupta, talvez até violenta, um sendo incapaz de se misturar ao outro, óleo e água, concreto e vidro, um Antes que não é compatível com o Agora, com Medo e Animação indo e vindo aleatoriamente.

 O homem da previsão do tempo na televisão do outro lado da sala conta que uma nevasca se aproxima. Deixo a janela vários centímetros aberta, torcendo para sentir frio, para sentir qualquer coisa que indique que estou vivo. Lá fora, o mundo inteiro já está coberto de neve, flocos grandes e macios caem e se empilham, um arco-íris branco absolvendo tudo de seus pecados.

Na semana que vem vai completar um ano que recebi a ligação da minha mãe, um ano que as coisas tomaram outro rumo sem eu me dar conta do que acontecia, quando o tempo começou a mudar e a se mover diferente, com mais propósito, preenchendo os espaços ao meu redor.

Dá para ouvir Ryan no corredor; ele acabou de sair daqui. Fomos mais ou menos bem-sucedidos na montagem do bufê, com apenas um aranhão (grande e fundo).[16] O bufê está triunfantemente posicionado atrás de mim. Meu computador, reclinado sobre a escrivaninha, exibe seu desktop com papel de parede do Windows Vista, que parece quase indistinguível dos campos vastos que encontramos a oeste de Fargo. A tela é meio que uma janela da banalidade do meu mundo, com e-mails e sites e, agora, essa coisa apavorante chamada rede social, tudo apresentando pontos de vista diferentes.

Num impulso recente, fiz uma conta no Twitter.[17] Momentos atrás, o amigo de um amigo de um amigo — isto é, um amigo que não conheço — tuitou uma mensagem rápida que chamou minha atenção. O breve comunicado está na minha tela agora, resumido em 140 caracteres de texto: "Como Colin Wright se tornou minimalista, deu adeus à sua vida antiga e começou a viajar pelo mundo", diz ele, seguido pelo link de um vídeo.

Não sei por que fico com vontade de clicar no link, mas fico, e faço isso. Clico. Talvez seja porque não faço ideia do que seja um *minimalista*. Talvez eu só esteja atrás de uma resposta qualquer para me apegar. Talvez eu só esteja perdendo tempo.

Depois do momento de espera obrigatória para o vídeo carregar, as imagens surgem, abrindo com o logotipo do *Breakfast Television New Zealand*, um programa matutino de televisão com sofás confortáveis e luzes fortes, com manchetes passando pela tela e títulos ocupando a imagem toda em certos intervalos. Um quadro digital laranja com um nome surge abaixo do peito de um cara bonito de 20 e poucos anos: "Colin Wright: minimalista e viajante profissional." A câmera se afasta para revelar Colin, um jovem de 24 anos do meio-oeste dos Estados Unidos que exibe uma camisa justa, um bronzeado neozelandês, olhos azul-claros e uma juba louro-escura bagunçada que domina a tela,[18] sentado diante do apresentador engravatado do programa, que tem 40 e muitos anos e veste um terno de corte europeu. Sua coapresentadora, uma mulher loura — bonita, 20 e muitos anos — fica corada diante da visão do norte-americano viajante.

— Faz alguns meses que você mora na Nova Zelândia — diz o apresentador para Colin. — Como tem sido a sua experiência por enquanto?

— Aqui é tão bonito que chega a ser injusto. Acho que, se eu ajustasse o obturador da minha câmera para dez segundos e a jogasse no ar, qualquer foto que ela tirasse ganharia um prêmio.

Colin tem uma voz calma, não ensaiada, do tipo que faz você prestar atenção. Ele diz que é apaixonado por viajar, mas não por viajar de qualquer jeito: seu objetivo é a submersão total na cultura, aprendendo tudo do zero. Portanto, ele se muda para um país novo a cada quatro meses; quando começa a se sentir confortável, é hora de ir embora, encontrar um lugar diferente. Mas a questão é que não é ele quem escolhe seu próximo destino. Em vez disso, seus leitores respondem a uma enquete no seu site, *Exile Lifestyle*,* e, a cada quatro meses, ele computa

---

* "Estilo de vida exilado", em tradução livre. [*N. da T.*]

os votos, faz sua mala de mão e entra em um avião, sem saber praticamente nada sobre a sua nova pátria — um estilo de vida sensual, digno de filme.[19]

Coço a cabeça — literalmente. Não tenho vontade alguma de viajar pelo mundo como se fosse um escritor itinerante. Minha ideia de viagem envolve ir de carro até Toledo, não até a Tanzânia. Colin afirma que um negócio chamado *minimalismo* permite que ele siga sua paixão, e isso me pega de surpresa. Qual é a minha paixão?

— Seu site diz que você possui 51 coisas — diz o apresentador, chocado com essa ideia. Ele arruma a gravata, que não precisa ser arrumada.

Também fico surpreso. Cinquenta coisas? Eu devo ter milhares — talvez dezenas de milhares — de coisas. Roupas, móveis, eletrônicos, ferramentas, eletrodomésticos, objetos de decoração, obras de arte, material de escritório e assim por diante. Além de tudo que armazenei em um depósito — caixas e mais caixas de coisas — e ainda não integrei ao novo lar em que moro há um mês. Basicamente, tenho muita tralha. Tipo, muita tralha *mesmo*.

Depois de uma pausa, como se para amenizar o choque, o apresentador continua:

— O site mostra fotos de tudo que você tem, correto?

A tela mostra uma imagem de Colin sentado no chão, cercado por todas as suas posses, que, no geral, são compostas por roupas, produtos de higiene básica e alguns equipamentos eletrônicos, como um laptop e um MP3 Player.

— Sim. Tenho cinquenta coisas mais ou menos — diz Colin. — Mas todas elas agregam um valor imenso à minha vida.

— Mas *cinquenta* coisas? — repete o apresentador.

— Sim. — Colin sorri. — Mas são cinquenta coisas muito boas.

— Isso não parece um pouco extremo? Só cinquenta coisas?

— O número em si é arbitrário, uma curiosidade que as pessoas gostam de mencionar. A verdade é que as coisas que eu tenho são as que consigo carregar comigo enquanto viajo. Coisas que realmente acrescentam algo à minha vida.

— Mas você tem um depósito nos Estados Unidos com todos os seus objetos pessoais, não?

— Na verdade não tenho nada nos Estados Unidos. Eu me livrei de tudo, até dos documentos. Fiz uma festa de picotar.

— Uma festa de picotar?

— Sim. Convidei alguns amigos, comprei comes e bebes, coloquei um CD do Pomplamoose para tocar e comecei a picotar anos de documentos redundantes e desnecessários, escaneando os que eu precisava mesmo, enquanto "Beat the Horse" tocava pelos quatro cantos da casa. A gente se divertiu. Uma festa.

— Então você se livrou mesmo de tudo?

— A ideia era essa. Ser minimalista não significa carregar pouca coisa; na verdade, significa *ter* pouca coisa. Porque o que me estressava, o que me impedia de me sentir livre, era o ato de possuir.

O *ato* de possuir? Hum. Nunca pensei na minha posse das coisas como um ato. Mas percebo que meus pertences também me estressam. E é mesmo um ato, de certa forma — o ato de cuidar das minhas coisas, de consertar o que quebra, de substituir aquilo que precisa ser substituído e, é claro, de proteger minha propriedade para que ninguém a tire de mim. Simplesmente adquirir e manter minha variedade de pertences dá muito trabalho. É um peso.

— Acaba que aquele velho clichê é verdade — continua Colin. — As posses possuem a gente. Eu costumava ficar de bobeira, me sentindo preso por todas as coisas na minha vida. Eu me preocupava com tudo que tinha, pensando: "Tenho esse tanto, então agora preciso de mais, preciso de um equilíbrio. Tenho a televisão, então preciso do aparelho de DVD; tenho a garagem, então preciso de um carro legal para colocar lá; tenho isso, então preciso daquilo." É um ciclo sem fim, uma guerra fria contra si mesmo.

Um ciclo sem fim? Nunca pensei nesses termos. Eu sempre me empenhei por alguma coisa, sempre corri rumo a uma linha de chegada invisível. Mas o que acontece depois disso? O que acontece depois que eu acumular tudo que quero e ultrapassar uma linha de chegada específica? Insatisfeito, imediatamente começo a procurar pela próxima linha.

O apresentador do programa, quase catatônico de espanto, encara Colin com um olhar inexpressivo. Finalmente ele pisca, afrouxa a gravata e abre o primeiro botão da camisa.

— Como você tomou a decisão de se tornar minimalista?

— Descobri que posses materiais não passam de uma venda nos olhos, nos impede de enxergar a verdade no mundo ao redor. Mas nem sempre me senti assim. Até o ano passado, eu tinha a vida ideal, o chamado *sonho*. Depois da faculdade, abri um escritório de design em Los Angeles, onde me matava para expandir meus negócios, trabalhando tanto quanto podia, geralmente 100 horas ou mais por semana. E era muito bem-sucedido. Eu ganhava bastante dinheiro e, como prova, tinha um monte de coisas. Mas eu não fazia nada além de trabalhar. Não sobrava tempo para outra coisa.

A coapresentadora loura abre um sorriso tímido sem motivo algum.

— A parte triste — diz Colin — é que meu sonho sempre foi viajar. Mas sempre havia essas pendências supostamente mais importantes para resolver. Tipo cuidar da minha empresa. Tipo crescer no mercado de trabalho e no meio social. Tipo meu objetivo de ganhar um milhão de dólares até os 25 anos. Na época parecia um plano ótimo, mas, olhando para trás, vejo que nem tanto. Eu achava que precisava ganhar muito dinheiro *antes* de começar a viajar. Na verdade, até o ano passado, meu passaporte não tinha carimbo nenhum.

— Que interessante — diz o apresentador, seco.

— É, bom, era o oposto de interessante. Até o ano passado eu queria ganhar um milhão de dólares, achava que isso me deixaria feliz. Ainda faltavam alguns anos até meus 25, e parecia que eu conseguiria cumprir meu objetivo se continuasse na linha. Mas, sempre que eu parava para pensar um pouquinho adiante, sempre que olhava para o futuro, dava para ver o que me aguardava. Não sou vidente, mas eu conhecia empresários muito bem-sucedidos, pessoas que tinham uma vida parecida com a minha. Todas essas pessoas tinham uma coisa em comum: elas nunca desistem. Depois que você ganha um milhão, um milhão deixa de ser suficiente. Então você começa a precisar de cinco milhões. E então de cinquenta. E, com o tempo, você passou mais de metade da vida tentando ganhar dinheiro. Mas para quê?

— Realmente, para quê? Então como foi que você mudou? — pergunta o apresentador.[20] — Entender isso é uma coisa, mas mudar de verdade é outra.

— Comecei a me planejar na mesma hora. Eu não tinha muita noção de como substituir aquele objetivo que, por tanto tempo, tinha sido uma luz no fim do túnel. Mas eu sabia que não queria me limitar e sabia que queria viajar. Essas eram minhas únicas certezas. Então, fiz aquilo que cinquenta mil pessoas fazem todo dia: comecei um blog. Eu nunca tinha escrito em um blog antes, mas ouvi falar que era isso que as pessoas faziam. Por motivos óbvios, dei a ele o nome de *Exile Lifestyle* e decidi usá-lo para documentar virtualmente minha jornada, como um lugar para capturar todas as viagens que eu pretendia fazer, e também meio como um diário on-line para registrar publicamente minha mudança de vida, de empresário em Los Angeles para um cara itinerante realizando seu sonho de viajar.

— Então a viagem foi seu catalisador para o minimalismo?

— Depois que criei o blog, comecei a me livrar de tudo. Eu sabia que, se fosse viajar, seria problemático ter um monte de coisas. Eu podia ter deixado tudo em um depósito, mas o investimento geral parecia ridículo só para guardar tralhas que nunca mais seriam usadas. E eu também ficaria preocupado com tudo que deixei para trás, e essas coisas todas seriam um peso na minha mente. No fim, o minimalismo seria a resposta certa mesmo se eu não estivesse viajando. Ele me ajudou a me livrar das correntes do consumismo.

— Entendi. Como você decidiu para onde ir quando finalmente começou a viajar?

— Eu nunca tinha saído do país e não sabia bem para onde ir. Então simplesmente perguntei para as duzentas pessoas que liam meu blog. Deixei que todo mundo votasse no país para onde eu devia viajar, e o consenso foi a Argentina. A votação deu tão certo que pensei que talvez fosse legal continuar deixando as pessoas escolherem o país seguinte enquanto eu viajava pelo mundo.

— E agora você muda de país a cada quatro meses e ainda deixa seus leitores escolherem seu próximo destino?

— Isso mesmo. O público aumentou bastante, mas o processo continua igual.

— Achei fantástico, mas como você ganha dinheiro para manter esse estilo de vida?

— A parte mais surpreendente foi que o blog me ajudou a tornar minha carreira, meu trabalho como designer, ainda melhor. Construí muitos relacionamentos pessoalmente, e ganhei bastante dinheiro assim, mas, quando comecei a viajar e escrever no blog, meus leitores começaram a dizer "Ei, queremos te contratar", "Minha empresa quer te contratar", e agora tenho clientes melhores do que eu tinha em Los Angeles.

— Impressionante. Além de se livrar radicalmente das suas posses para conseguir viajar, você sente que o minimalismo o ajudou de outras formas?

— Sim. Me ajudou demais. O minimalismo me permitiu eliminar outras distrações na minha vida, coisas que, quando você dá um passo para trás e olha para a imagem geral, não são tão importantes quanto acreditamos.

— Por exemplo?

— Relacionamentos que eu mantinha sem motivo. Hábitos ruins. Atividades bobas que tomavam meu tempo, meu dinheiro e minha energia. O minimalismo me ajudou a identificar essas coisas para eu conseguir removê-las da minha vida e me concentrar nas minhas paixões, nas coisas com que me importo de verdade. O que significa que estou o tempo todo aprendendo, e gosto disso, porque nunca me sinto parado; nunca me sinto entediado nem estagnado, porque *sempre* aprendo coisas novas, sempre cresço. Além do mais, como consegui me livrar de tantas coisas materiais, não me apego mais aos meus pertences, o que significa que posso me arriscar mais, porque não estou gastando dinheiro com um monte de porcaria de que não preciso.

— Você, meu rapaz, tem uma sabedoria que não condiz com a sua idade. — Colin sorri, agradecendo. — Obrigado por conversar com a gente, Colin. Você tem algum conselho para as pessoas que estão com medo de embarcar em algo tão diferente do padrão social?

— O primeiro passo é o mais difícil. Porque sempre vai haver pessoas dizendo coisas do tipo "Por que você vai fazer isso?" ou "Como você tem *coragem* de fazer isso?" ou "Se fosse tão fácil fazer o que a gente quer, seja escrever um livro, abrir o próprio negócio, viajar pelo mundo, seja qualquer outra coisa, todo mundo faria". É importante lembrar que esse pessoal negativo está apenas projetando as próprias dúvidas em você. É aquele medo impregnado que todos temos, um instinto natural. Nós tendemos a ter medo de ir contra a maré. Mas, quando você dá o primeiro passo, fazer coisas "normais" acaba se tornando apavorante, porque você percebe como é arriscado abrir mão da sua vida inteira só para ser *normal*.

O vídeo acaba. Mais uma vez, olho ao redor do meu apartamento *normal*, cheio de coisas *normais*. Faz mais de um mês que me mudei, e ainda há um monte de caixas fechadas. Esqueci o que há dentro das que não têm anotação, e mesmo assim elas me incomodam diariamente. De vez em quando abro uma ou duas, tentando transferir os objetos não usados de seus recipientes de papelão e passá-los para outro local de armazenamento: um armário, uma gaveta, o closet, uma prateleira, qualquer lugar em que eles sumam dos meus pensamentos. Não é muito diferente dos prisioneiros de antigamente, forçados a transportar pedras de um canto do pátio da prisão para outro, simplesmente para carregá-las de volta depois que todas as pedras fossem transferidas. As coisas estão sempre ali, perpetuamente, indo de um lugar para outro, me ancorando, e não de um jeito legal.

Então, talvez me livrar dos meus pertences seja a resposta; talvez o minimalismo seja a resposta que estou procurando. Mas não sou um viajante. Não quero ver o mundo; não quero ter só cinquenta coisas. Talvez o estilo de vida de Colin seja mais adequado para, bem, caras como Colin, mais jovens do que eu, o pessoal modernoso da Geração Y que quer passear pelo mundo sem o peso de suas posses, não para gente como eu, que cresceu no mercado de trabalho, que provou que consegue seguir as regras da sociedade, que gosta de ter uma escrivaninha, um sofá, uma mesa de cozinha e talheres suficientes para convidar alguns amigos para jantar.

Fico me perguntando se existem minimalistas diferentes, menos extremos, por aí.

Com um clique, uma nova janela do navegador abre meu site de buscas favorito: Yahoo![21]. As pesquisas "como se tornar minimalista", "viver com menos" e "minimalismo" resultam em três sites diferentes: *Becoming Minimalist*,* *Be More with Less*** e *Zen Habits*,*** respectivamente.

---

* "Como se tornar minimalista", em tradução livre. [*N. da T.*]
** "Seja mais com menos", em tradução livre. [*N. da T.*]
*** "Hábitos zen", em tradução livre. [*N. da T.*]

O habilmente intitulado *Becoming Minimalist*, um site criado no ano passado por Joshua Becker, um homem casado de 34 anos, pai de dois filhos, que mora em uma cidade no interior da Nova Inglaterra e trabalha em tempo integral para uma organização sem fins lucrativos, apresenta uma versão diferente dessa filosofia. Em uma gravação de áudio publicada no site, Becker conta como descobriu o minimalismo.

— Acho que tenho uma mensagem bem simples — diz ele. — Comprar menos traz mais alegria e contentamento do que comprar mais.

A princípio essa parece uma frase pronta, mas não banal. O tom de Becker é calmo e sincero e sua cadência, genuína.

— Infelizmente, desde o momento em que nascemos, ouvimos o exato oposto. Todo dia, em todos os anúncios, das trezentas propagandas que vemos diariamente na televisão, no rádio, nas revistas, nos outdoors e na internet, nos dizem que precisamos comprar mais e que seremos mais felizes e mais *satisfeitos* quando conquistarmos mais. Dizem que precisamos trabalhar bastante, para ganhar muito dinheiro e conseguir comprar casas maiores e melhores, carros novos e roupas bonitas, os brinquedos mais populares e as últimas tecnologias, e que de algum modo, quando começarmos a acumular essas coisas todas, nossa vida será melhor. De algum jeito nossas vidas serão mais alegres. Mas nós todos sabemos que isso não é verdade. Nós todos sabemos que a felicidade não está naquilo que temos. Essa mentira simplesmente foi repetida tantas vezes que passamos a acreditar nela, nosso coração começou a aceitá-la como verdade e ela começou a afetar a maneira como vivemos.

Penso na minha carreira e imediatamente me dou conta de que isso é verdade. Eu gerencio uma série de lojas. Meu trabalho é criar demandas. No mercado norte-americano, nosso consumo deixou de ser necessário e passou a ser obrigatório. Tenho dificuldade em pensar em qualquer argumento contra essa fala. Mas por que ninguém parece conseguir quebrar o ciclo?

— Quero contar um pouquinho sobre a minha história — continua Becker —, sobre a minha família, e como cheguei ao ponto em que estamos hoje. — Agora fica claro que ele está se apresentando para uma pequena plateia, talvez em uma igreja. — Dizem que, na vida, a insatisfação é o maior instrumento para a mudança. Na minha família, nós tínhamos duas fontes de insatisfação que inundavam nossa vida como um rio poluído. Eu tinha muita consciência de uma delas, mas só consegui perceber a segunda no feriado do Memorial Day de 2008.

"A primeira fonte de insatisfação era que eu nunca estava contente com a nossa situação financeira. A questão não era eu ganhar pouco dinheiro, mas o fato de que a gente vivia apertado, sabendo que um emprego perdido, uma conta mais alta em casa ou uma emergência médica bastariam para acabar com a nossa vida. Além do mais, eu nunca me sentia feliz com as coisas em que gastava meu dinheiro, nunca estava satisfeito com o rumo que meu dinheiro tomava. Eu não conseguia colaborar com outras pessoas, ajudar os pobres e os mais necessitados; simplesmente não sobrava dinheiro para isso.

"A segunda fonte de insatisfação, que eu não percebia com tanta clareza apesar de saber que algo não estava certo, era o foco da minha energia. Toda a minha energia estava concentrada nas *coisas* que eu tinha, não nas pessoas na minha vida. Eu sabia que queria passar mais tempo com a minha família, que queria conviver mais com meus amigos e entes queridos, mas, em vez disso, meu foco eram as coisas materiais."

Pauso a gravação. Quantos relacionamentos minha busca por posses tinha estragado? E, igualmente ruim, quantos relacionamentos potenciais — com novos amigos, vizinhos, pessoas na minha comunidade — eu tinha perdido enquanto acumulava meus tesouros reluzentes? Era impossível ter certeza, mas eu sabia que o número era alto.

O áudio retorna.

— Minha insatisfação e uma solução potencial para ela se tornaram visivelmente claras no Memorial Day de 2008, um dia que mudou para sempre a vida da minha família. A primavera significava uma limpeza extensiva da casa. Minha tarefa era enfrentar as pilhas de coisas na nossa garagem, enquanto minha esposa, Kim, começava a limpar o interior da casa. Não sei por quê, mas imaginei que meu filho de 6 anos, Salem, acharia legal me ajudar na garagem. Pensei que a gente podia ter um momento bacana entre pai e filho.

"Naquela manhã, acordamos cedo, fomos para a garagem e começamos a tirar tudo lá de dentro. Pedi a Salem que arrumasse os brinquedos. Ele pegou uma bola de basquete, outra de futebol, mas, quando encontrou um bastão e uma bola de beisebol, saiu correndo para os fundos do quintal, me implorando para brincarmos. 'Não, não, não posso', falei. 'Preciso acabar isto aqui primeiro.'

"A tarefa acabou demorando mais do que eu imaginava, é claro. Depois de algumas horas organizando, limpando e rearrumando, notei que nossa vizinha, Joan, também estava em um estado semelhante de paralisação de limpeza de primavera. Ela viu que eu continuava ajeitando a garagem e meu filho estava no quintal, pedindo que eu o empurrasse no balanço. Dando uma olhada na minha entrada lotada de coisas, ela me encarou e disse, sarcástica: 'Ah, as alegrias de ter uma casa.' Eu dei de ombros, suspirei e respondi: 'Bom, é como dizem por aí, quanto mais coisas você tem, mais suas coisas te controlam.' Isso era algo que eu tinha escutado antes e achei ter entendido, apenas uma resposta padrão, algo em que não pensei muito.

"Minha vizinha se animou um pouco e disse: 'É, foi por isso que a minha filha virou *minimalista* e agora fica me dizendo que não preciso de tanta coisa.' Ela apontou para trás com o dedão, indicando sua casa e todos os seus pertences. Olhei naquela direção, depois olhei para todas as coisas que eu estava prestes a passar várias horas organizando, e pensei "humm... *minimalista*?" Não sei o que isso significa, mas parece ser uma boa ideia."

(Pois é, para mim também.)

— Com essa nova percepção, corri para dentro de casa, encontrei minha esposa limpando o banheiro e contei sobre a conversa. Ela me encarou e disse: 'Minimalista? Hum... acho que eu topo. Pesquisa mais sobre o assunto.' Eu não precisava de mais autorização do que isso. Liguei o computador e fiz uma busca por minimalismo.

(Bom, isso soa estranhamente familiar.)

— Depois de passar por obras de arte e arquitetura minimalista, encontrei o que parecia ser um mundo completamente novo se abrindo diante de mim. Um monte de gente por todo o país, por todo o mundo, que tomou a decisão consciente de ter apenas aquilo que é necessário. Essas pessoas vivem apenas com o básico, se livrando de tudo o mais.

"Bem, o que eu descobri é que todo mundo que se joga no estilo de vida simples se adapta ao minimalismo do seu jeito.

Se você tem 20 anos e é solteiro, vai seguir um estilo diferente do que se for, digamos, um cara que mora em um bairro residencial, tem um emprego, uma esposa e filhos. Mas, apesar de o estilo de vida se apresentar de forma diferente para pessoas diferentes, existe um aspecto em comum: todas essas pessoas elogiam o minimalismo, e falam sobre como ele é libertador, como se sentem menos estressadas, como a vida de cada uma delas melhorou."

Outra pausa contemplativa.

— Foi aí que tomei a decisão de me tornar minimalista.

Minha próxima parada na aventura pelo buraco do coelho é *Be More with Less*, um site criado por Courtney Carver, uma mulher de 40 anos, mãe, casada, que mora em Utah com o marido e a filha adolescente. Assim como Becker, Courtney tem sua história. Em 2006, ela foi diagnosticada com esclerose múltipla (EM), uma doença que a impactou profundamente. Mas ela não deixa a EM definir sua vida. Na verdade, ninguém saberia da sua doença se ela não compartilhasse no site as lições que aprendeu depois do diagnóstico que mudou tudo.

Além do *Be More with Less*, Courtney tem o *Project 333*, um desafio de moda minimalista que convida as pessoas a passarem três meses se vestindo com 33 peças ou menos (daí o nome). Depois de me aprofundar, lendo sobre as experiências de várias pessoas com o projeto, achei interessante, mas não surpreendente, ver que literalmente milhares de pessoas — mulheres *e* homens — participaram do desafio do *Project 333* e acharam muito benéfico diminuir o conteúdo dos respectivos armários, reduzindo suas peças àquilo que é essencial.

Na página do *Project 333*, Courtney faz uma pergunta simples: "A ideia de se arrumar com facilidade pela manhã parece interessante?"

Olho para os espaços em que guardo minhas roupas, um closet grande e um armário embutido normal, ambos abarrotados: uma dúzia de ternos ajustados da Brooks Brothers, meia dúzia de pares de sapatos da Allen Edmonds, setenta (sim, *setenta*: sete zero) camisas ajustadas da Brooks Brothers, cinco gavetas cheias de regatas e camisas, dúzias de blusas de botão "casuais", duas dúzias de calças jeans, oito calças cáqui, três chapéus,[22] três pares de tênis de academia, sete pares de sapatos casuais, um monte de meias, caixas fechadas com sabe-se lá o quê no interior. Isso sem contar meu armário de casacos lotado, com duas ou três (ou talvez quatro) jaquetas leves, um casaco de inverno, um colete combinando, uma parca pesada forrada com pelo, três sobretudos, duas capas de chuva, duas jaquetas de couro, três japonas de lã, uma cesta cheia de cachecóis e luvas...

"Talvez você ache que diminuir o conteúdo do seu armário seja uma tarefa difícil", anuncia o *Project 333*, "ou que usar apenas 33 itens seja algo extremo. Mas a verdade pura e simples é que não é. É fácil, divertido, libertador e, acima de tudo, estiloso."

Quando meu armário nada moderado está guardadinho e escondido do mundo, costumo me orgulhar do meu senso de estilo *à la* Steve McQueen. Agora, porém, enquanto encaro o abismo feito de algodão/lã/couro por trás da porta do meu closet, sinto um pouco de vergonha do excesso. McQueen não era estiloso porque tinha dois guarda-roupas transbordando de coisas; ele era estiloso porque era confiante e simples. Como o site de Courtney afirma de forma tão eloquente, a simplicidade é o novo pretinho básico.[23]

O terceiro lugar que visito é o *Zen Habits*, que se revela um site extremamente popular sobre encontrar a simplicidade no caos diário de nossa vida.[24] Criado por Leo Babauta, um homem de 36 anos nascido em Guam e que atualmente mora em São Francisco com a esposa e seis — sim, *seis* — filhos, o *Zen Habits* apresenta mensagens fáceis de entender sobre como as pessoas podem acabar com o acúmulo e passar a se concentrar naquilo que é importante, criando algo maravilhoso e encontrando a felicidade. A história de Leo com certeza é diferente da de Colin. Porém, surpreendentemente, dos quatro sites intrigantes em que mergulhei de cabeça, a vida de Leo é a mais parecida com a minha (com exceção dos filhos fofos, é claro). Assim como eu, ele, que também é divorciado (agora está no segundo casamento), costumava estar acima do peso, estressado, com a saúde péssima, sem inspiração, sem ânimo, sendo apenas uma peça na engrenagem corporativa. Leo tinha um trabalho que não amava e uma vida que, de muitas formas, não era sua; a insatisfação se infiltrava em tudo no seu mundo. Em resumo, ele era infeliz. Igual. A. Mim.

Hoje, porém, Leo é um homem mais simples, um homem que fugiu de uma vida de consumo obrigatório para seguir sua paixão, que é a escrita.

Mais cedo, eu tinha feito uma pergunta a mim mesmo: Qual era a minha paixão? É triste ter que me perguntar uma coisa dessas, e é ainda mais triste o fato de eu nunca ter pensado nisso antes. Nossa cultura, na qual me incluo, parece ser focada demais no "O que você faz da vida?" e de menos, talvez nada, no "O que você ama fazer?". Na maioria dos casos, essas duas perguntas têm respostas muitíssimo diferentes. Elas são incompatíveis. O que eu faço para ganhar dinheiro — cuja resposta fácil, impactante, é "Sou diretor na Broadspan" — não é a minha paixão.

Ao contrário de Colin, não amo viajar. Viagens não me animam. Mas, assim como Leo, sou apaixonado por escrever. Desde os 22 anos, escrevo ficção — páginas e mais páginas de histórias. Gosto de tratar da condição humana e da nossa vida interior, expressando a verdade por meio de uma experiência sensorial.

Só que não tenho talento natural para a escrita. Ora, tenho mais talento para jogar basquete do que para escrever. Só fui ler um livro inteiro aos 21 anos. É sério: eu tinha 21 anos quando abri meu primeiro livro, *O grande Gatsby*, de Fitzgerald, e o li de cabo a rabo. Entretanto, eu tinha 1,87 metro na oitava série, e, assim, o basquete parecia algo natural na época. Mas, conforme o tempo passava, eu parava de crescer e meus dribles não melhoravam, o basquete foi se tornando cada vez menos natural.[25]

Anos depois, quando finalmente descobri o que um texto maravilhoso era capaz de fazer, eu soube que queria fazer aquilo também. Aos 22 anos, meu sonho era ser escritor, porque, na minha concepção, a boa literatura é mais vantajosa do que qualquer outra arte. Quando bem escritos, textos literários são as únicas criações capazes de transmitir uma troca de consciência entre o autor e o público, passando emoções puras e sentimentos interiores com muito mais intensidade do que filmes hollywoodianos, aplicativos da moda ou até músicas ótimas. Foi essa troca que me levou à literatura, para começo de conversa, quando eu buscava algo mais na vida além das longas semanas de trabalho, um tipo de fuga; e é essa troca que ainda faz a escrita continuar tão emocionante para mim até hoje.

Porém, infelizmente, não recebi o dom de escrever bem. Na verdade, quando comecei, eu era péssimo. Não sabia nada — absolutamente nada — sobre gramática, sintaxe ou estrutura frasal. Eu mal conseguia montar uma frase simples coerente, que dirá uma frase que transmitisse nervosismo, que fosse interessante ou até mesmo vagamente vívida.

Mas, por sua vez, a maioria dos dons que temos na vida não vem de berço. Em uma década no mundo corporativo, aprendi que o aperfeiçoamento pessoal pouco tem a ver com talento natural. O progresso exige prática, dedicação e, até certo ponto, uma obsessão saudável. Portanto, a paixão é uma mistura de amor e ideia fixa.

Infelizmente, "o que eu faço da vida" atrapalha "o que eu amo fazer", não me permitindo desenvolver a obsessão saudável necessária para cultivar essa paixão. Passei os últimos sete anos sendo um "aspirante a escritor", o que, na verdade, significa que não escrevi muita coisa, aspirando mais do que inspirando, por assim dizer. É claro que eu *queria* escrever; cheguei a criar algumas histórias de que me orgulho (e muitas de que não), escrevi dois romances que não deram em nada e até comecei um terceiro no fim do ano passado, no dia em que recebi a notícia sobre o câncer da minha mãe, um trabalho imenso chamado *As a Decade Fades*,* cheio de páginas sobre como lidei com a morte dela. Quem sabe se ele vai dar em alguma coisa. Mas,

---

* "Conforme uma década passa", em tradução livre. [*N. da T.*]

passando horas a fio no trabalho — fazendo "o que eu faço da vida" — e vendo meu mundo desabar ao meu redor, não foquei naquilo que amo. Nem tornei a escrita uma *necessidade*. Em vez disso, ela é um *deveria* gigantesco na minha vida. Eu *deveria* escrever, vivo lembrando a mim mesmo. Eu deveria, eu deveria, eu deveria. Já perdi a conta de quantas vezes falei isso — só me enchendo de tudo que deveria ser feito.

Chego à conclusão de que provavelmente existem dois motivos para esse fenômeno do trabalho/amor, a epidemia do desequilíbrio.

Primeiro, a pergunta "O que você faz da vida?" é endêmica na nossa cultura. Ela é, em muitos casos, a primeira coisa que queremos saber sobre desconhecidos. Parece ser uma pergunta normal, algo que dizemos quase todo dia, um questionamento educado e útil de seis palavras que usamos para puxar assunto — *qualquer* assunto.

Mas sejamos sinceros: a maioria das respostas é tediosa, réplicas mordazes que mantemos ensaiadas, prontas para o próximo jantar, evento de networking ou coisa parecida: "Sou diretor de operações", "Sou gerente regional", "Sou vice-presidente sênior da Puta que Pariu". Puxa vida. Bom para mim, bom para você.

Verdade seja dita, nós regurgitamos essas respostas padronizadas porque elas são fáceis de repetir, como em um transe semiconsciente, uma vez atrás da outra e atrás da outra. Sei que eu faço isso, transmitindo as mesmas reprises, e vejo a mesma coisa acontecendo todos os dias, em todos os lugares. Ninguém quer ficar tagarelando sem parar sobre seu emprego chato, mas com certeza é fácil declarar seu nome, seu cargo e seu número de série; é fácil provar que você é mais uma peça na engrenagem ou mais um degrau na escada corporativa — igual a todo mundo. Entretanto, é muito mais difícil falar sobre outros aspectos importantes da vida. Então, em vez de buscar conversas mais significativas, passamos nossos dias dando respostas inertes a essa pergunta maléfica, como um disco coletivo arranhado.

Mas vamos pensar sobre a pergunta por um instante: *O que você faz da vida?* Na realidade, é um questionamento tão amplo que *qualquer* resposta caberia. O que eu faço da vida? Faço um monte de coisas: eu bebo água. Eu como. Escrevo palavras com garranchos em bloquinhos de papel amarelo. Contudo, depois que removemos o revestimento dourado barato que a envolve, encontramos uma série de questões maldosas se escondendo sob a superfície. Infelizmente, o que queremos saber de verdade quando fazemos essa pergunta, mesmo sem nos darmos conta, é: *Como você ganha dinheiro? Quanto dinheiro você ganha? Qual é a sua situação socioeconômica? E, com base nessa situação, como eu me comparo a você? Estou acima? Abaixo? Como eu devo julgar você? Será que vale a pena perder meu tempo com você?*

Preciso encontrar uma maneira de mudar minha resposta para essa pergunta.

A segunda parte desse estranho fenômeno trabalho/amor é igualmente perigosa: por muitos anos, confundi *paixão* com *empolgação*. Uma questão pouco discutida pelas pessoas hoje em dia é a sensação que a paixão verdadeira causa. Em vez disso, presumimos que a paixão se parece com empolgação — que a paixão é inerentemente empolgada —, mas esse conceito costuma estar errado. Sabe, é fácil se animar um pouco com alguma coisa — uma ideia, um projeto, uma promoção em potencial — e achar que isso significa que amamos aquilo. Mas esse ânimo é diferente da paixão profunda que impulsiona e recompensa as pessoas em longo prazo. A empolgação surge e vai embora; ela diminui quando as coisas ficam difíceis, quando o trabalho se torna pesado, quando o fluxo criativo começa a se arrastar. A paixão verdadeira, por sua vez, surge *depois* de você dedicar as muitas horas necessárias para se tornar um especialista, ganhando uma habilidade que então pode ser usada para causar impacto, ganhar autonomia e respeito, para moldar e controlar seu destino.

Assim, a paixão não é algo que seguimos, mas que cultivamos. A ideia de que a empolgação, de algum jeito, equivale a paixão simplesmente não é verdadeira, e acreditar nessa mentira não leva a nada. Quando se trata de qualquer aspecto da vida, quando se trata de qualquer habilidade — seja atividade física, dança de salão ou escrita —, uma pessoa precisa estar disposta a percorrer um longo caminho para encontrar a felicidade.

Com frequência, fugimos da verdade por medo de que ela destrua as ilusões que criamos. Até agora, fiz isso apenas no mundo corporativo — quando a recompensa era financeira —, mas não com algo tipo a escrita, que está mais alinhada com meus interesses, valores e crenças. Para ser sincero comigo mesmo, não passei tempo suficiente desenvolvendo minha habilidade desejada; não me dediquei o bastante para me tornar um especialista, para virar o escritor a que aspiro ser. Em vez disso, só me enchi de vontade, rabiscando coisas aleatórias quando me animo — e é fácil eu me animar. É muito comum que uma ideia surja na minha cabeça e me deixe tão inspirado que me sinto estimulado a levar a caneta ao papel e criar loucamente, compondo com vigor e animação. Mas o meu entusiasmo sempre se dissipa quando encontro a primeira barreira, o primeiro sinal de tédio. Quando o trabalho se torna difícil, minha tendência é largar tudo.

Mas o tédio é inevitável. Escrever é difícil. E escrever *bem* é, bom, um trabalho árduo, cheio de nuances e muito mais complexo. É complicado, e quem quer fazer algo complicado quando há tantas distrações passivas com que preencher seus dias? Além do mais, é fácil me envolver nessa cortina de fumaça de passividade — com qualquer coisa que me permita evitar um trabalho difícil. Ligar a televisão e me perder em seu brilho azul não exige praticamente esforço algum.

O paradoxo agravante aqui é que não existe nada inerentemente errado com indulgências passageiras. A televisão, a internet, o Facebook e tudo o mais que é passivo não causam problemas em doses pequenas. Mas não existe recompensa em longo prazo para uma mansidão passiva, apenas uma barriga de chope e uma vida vazia, como estou começando a descobrir enquanto enxergo o reflexo dos meus 20 anos no retângulo azulado que brilha na minha saladeestar.

Todos nós queremos alguma coisa. Assim, para me tornar o escritor que almejo ser, preciso encontrar formas de tornar as partes chatas mais divertidas, de praticar todos os dias, independentemente do resultado, de encontrar beleza por baixo da banalidade. O que significa que às vezes tenho de tolerar a dor para encontrar um prazer verdadeiro. É preciso tempo, disciplina e estabelecer prioridades. Prioridades reais, não apenas da boca para fora. A escrita podia ser *considerada* uma prioridade durante os meus 20 anos — afinal, era algo que eu queria muito fazer —, mas nunca foi uma prioridade de *verdade*. A realidade da minha rotina diária é que as tarefas mundanas ocupam boa parte do meu tempo: verificar e-mails. Ficar de bobeira na internet. Assistir à televisão. Escrever relatórios. Essas atividades eram meu foco de verdade.

Sempre aleguei que as minhas prioridades eram atividades grandiosamente importantes, como passar tempo com a família, fazer exercícios físicos ou ficar sozinho, escrevendo. Mas isso é mentira. Até eu realmente colocar essas atividades em primeiro lugar, até eu realmente tornar essas tarefas parte da minha rotina diária, elas não são minhas prioridades.

Isso vai mudar. A partir de hoje. Prioridades são aquilo que faço todos os dias, pequenas coisas que fazem os ponteiros do relógio andarem. Esses esforços diários são minhas *necessidades*. Tudo o mais é apenas um *deveria*.

Parece que meu caminho atual não é o certo. Talvez, assim como aconteceu com Colin, Courtney, Becker e Leo, o minimalismo ajude não a remover todos os meus pertences, mas a limpar a bagunça, tirar o excesso e reorganizar minha vida, para que eu encontre o rumo certo. Por enquanto, estava apenas esperando minha vida mudar, melhorar magicamente, torcendo para a sorte bater na porta. No entanto, agora, ficar parado sem tomar uma atitude parece errado. É como se simplesmente contar com o acaso fosse me dar azar. Sei que posso fracassar, mas todo mundo fracassa de vez em quando — nós precisamos saber o que não dá certo para descobrir o que dá.

Desligo o laptop e olho pela janela. Está escuro agora, e só consigo enxergar meu reflexo.

5 || A força se move devagar

JUNHO DE 2010

O metrô estava silencioso. Que surpresa boa. É claro que só fui me dar conta do silêncio agora, depois de sair do trem da linha J. Estou me aproximando da Times Square, abrindo caminho vigorosamente contra o fluxo de pessoas e o exagero de luz. Tudo parece cheio de cafeína.

Estou aqui, sob o uivo do mundo, nas batidas de uma cidade morta por dentro, e, mesmo assim, todo esse barulho é incapaz de acordar os defuntos. Cabeças inclinadas para baixo, rostos perdidos em telas brilhantes, a tecnologia transformando as pessoas em zumbis. As luzes agitam o calor do meio-dia, se curvando, piscando, dançando ao meu redor, dominadoras e implacáveis, sugando o oxigênio poluído do ar, cuspindo fumaça fluorescente, um arco-íris de brilho que se equipara ao sol no céu racional lá em cima. Vim encontrar Colin Wright.

É um verão árduo de Nova York, 38 graus com umidade, o ar molhado e denso. É sábado, uma semana antes do meu aniversário de 29 anos. Estou aqui desde quarta-feira, a negócios, mas quatro dias parecem uma semana nesta cidade.

Meu mundo anda mais nítido agora. Passei os últimos seis meses simplificando, reduzindo. Um processo lento. A esta altura, já abandonei uma imensidão de bens materiais, talvez oitenta por cento dos meus pertences, quem sabe mais, removendo o excesso, me livrando de alguns itens a cada dia, fazendo doações para a caridade ou vendendo as coisas no eBay.

Comecei aos poucos, me perguntando: *E se eu removesse um objeto — só um — da minha vida por dia, durante um mês? O que aconteceria?*

O resultado: descarreguei mais de trinta itens nos primeiros trinta dias. Tipo, bem, bem mais de trinta. Meio que se tornou um desafio pessoal descobrir do que eu podia abrir mão, o que eu podia tirar do meu caminho, quantas coisas desnecessárias eu poderia remover do meu acúmulo. Revirei quartos e o closet, armários e corredores, carro e escritório, remexendo tudo em busca de itens para me desfazer, guardando apenas as coisas de que eu precisava.

Refletindo sobre cada elemento na minha casa, eu fazia perguntas simples como *Isto me acrescenta algo?* Descobri que, quando você entra no ritmo, quando sente os benefícios de remover acúmulos da sua vida, adotar o minimalismo fica mais fácil a cada dia. Quanto mais você faz, mais livre, feliz e leve se sente, e mais quer jogar fora. Algumas camisas levam à metade do armário. Alguns DVDs levam a eliminar quase uma discoteca inteira. Alguns itens de decoração levam a gavetas de porcarias dignas desse termo. É um ciclo maravilhoso. Quanto mais você se empenha, mais quer se empenhar.

Mas eu não simplesmente desentulhei minha casa. Não, não, não. Pelo que já vi, desentulhar é meio que uma mentira, uma moda promovida pela televisão e capas de revista banais com histórias como "67 formas de desentulhar uma casa bagunçada". O que não nos contam é que desentulhar por si só não resolve o problema, não em longo prazo, de toda forma. A discussão sobre como se livrar das nossas coisas responde apenas ao *o que* da equação, porém não ao *porquê*; o *como*, o *por que fazer*, que é muito mais importante. Em outras palavras, o *o que* é relativamente mais fácil. Por instinto, todos nós sabemos como nos livrar do excesso — como nos "organizar". Mas isso é apenas parte de uma questão maior. Em vez de me "organizar", resolvi que preciso começar a pensar em organização como um palavrão, uma palavrinha chula que nos impede de simplificar de verdade a nossa vida.

Sabe, nossas televisões querem que acreditemos que existe uma batalha no mundo do consumismo, com acumuladores bagunceiros de um lado e organizadores arrumadinhos no outro. E, dos nossos sofás, é difícil ver quem está vencendo. Quero argumentar, no entanto, que a realidade é que os dois lados trabalham juntos, conspirando para alcançar o mesmo objetivo: o acúmulo de mais coisas. Um lado — os acumuladores — o faz de forma óbvia, deixando tudo exposto, se tornando alvo fácil de zombarias. Mas vamos falar a verdade: todos nós rimos, apontamos e dizemos "Ainda bem que a minha casa não é desse jeito" sempre que vemos um deles na televisão. O outro lado — os organizadores sorrateiros — é mais sutil, mais sistemático quando se trata de amontoar coisas. A verdade, porém, é que a organização não passa de um acúmulo bem planejado.

Claro, ambos os lados — os acumuladores e os organizadores astuciosos — aglomeram objetos de formas diferentes, mas o resultado final não é tão diferente assim. Não importa se nossa casa está lotada de lixo ou se seguimos uma metodologia organizada por cores e em ordem alfabética para camuflar nossa bagunça, nós não estamos lidando com o problema real. Não importa quão organizados sejamos, continuamos tendo de lidar com as coisas que organizamos, separando e limpando nossos pertences meticulosamente estruturados. No entanto, quando nos livramos do excesso de coisas, podemos abrir espaço para os aspectos mais importantes da vida. Em outros termos: agora posso passar meu tempo me concentrando naquilo que realmente importa — saúde, relacionamentos, escrita — em vez de ficar reorganizando meu porão. Quando o excesso de coisas deixa de ser uma preocupação, permanecer organizado é muito mais fácil; é tipo se organizar sem o estresse de se organizar de verdade.[26]

Precisei admitir o problema — confessar para mim mesmo que eu não passava de um acumulador organizado, com talento para esconder as minhas merdas, extremamente metódico com meus latões, minhas caixas de plástico e meu sistema numérico complexo que escondiam minhas tendências acumuladoras do resto do mundo — antes de tomar uma atitude e realmente começar a desentulhar meu mundo.

Se *o que* (a *ação*, o *como*) é fácil, então talvez a gente devesse se preocupar mais com o *porquê* — o *motivo* por trás da remoção dos excessos, o *por que fazer*. É verdade que a discussão sobre o *porquê* é bem mais difícil, já que, ao contrário do *o que*, que é bastante universal, a natureza do *porquê* é extremamente individual.

No fim das contas, o *motivo* para adotar o minimalismo está relacionado com os benefícios que colhemos depois que nos livramos do excesso. Portanto, remover a bagunça não é o objetivo final, apenas o primeiro passo. Claro, você imediatamente sente que tirou um peso das costas, mas o simples ato de se livrar das coisas não gera uma satisfação eterna. O minimalismo não funciona assim. Ao adotar *o que* sem o *porquê*, uma pessoa não chega a lugar algum. É possível se livrar de tudo que você tem e permanecer completamente infeliz, voltar para sua casa vazia e continuar emburrado depois de remover todas as suas distrações.

Quando me livrei da maioria dos meus bens, fui obrigado a enfrentar meu lado sombrio, fui forçado a fazer perguntas para as quais eu não estava preparado: *Quando foi que comecei a dar tanta importância para posses materiais? O que é realmente importante na vida? Por que estou insatisfeito? Quem é a pessoa que quero me tornar? Como vou definir o meu próprio sucesso?*

São questionamentos difíceis, com respostas difíceis. Mas eles se mostraram muito mais importantes do que simplesmente jogar fora meu excesso de pertences. Se não forem respondidos com cuidado, com severidade, então o armário que acabamos de desentulhar voltará a se encher de coisas novas em um futuro próximo.

Então, conforme meus pertences iam embora e eu começava a encarar as perguntas mais difíceis da vida, passei a me sentir menos inchado, mais leve, como se perdesse um peso interior. O espaço extra no meu apartamento enorme no centro da cidade se tornou inútil, então me mudei para um menor e bem mais barato, com um quarto, a três quarteirões dali. Esse novo apartamento tem vista para o parque do outro lado da rua e fica em um bairro sociável, em que as pessoas sorriem, acenam e dizem oi quando você passa. Pássaros cantam de manhã. Tanto meu carteiro quanto meu vizinho de porta se chamam John. É esse tipo de lugar. Essa é a primeira vez desde a infância que sei o nome do meu vizinho, que dirá do carteiro.

Que esquisito: acho que podemos dizer que sou minimalista agora. Mas, se você visitasse a minha casa, provavelmente não daria um pulo e proclamaria: "Esse cara é um minimalista!" Não, você provavelmente diria "Ele é arrumadinho", me perguntaria como faço para manter tudo tão organizado, e eu apenas sorriria e diria que não tenho muitas coisas, só o que faz diferença de verdade na vida. Cada um dos meus pertences — meus utensílios de cozinha, meus móveis, minhas roupas, meu carro — tem um papel. Como sou minimalista, todas as minhas posses têm um propósito ou me trazem alegria.

Com o tempo, as situações mudam. Isso sempre acontece. Então, sempre tenho que me fazer a mesma pergunta importante: *Isso acrescenta alguma coisa à minha vida?* Mas ela não se direciona apenas para posses materiais. As *coisas* foram só o começo. Também me questiono sobre relacionamentos, consumo de internet, comida e qualquer outro assunto potencialmente superficial. Eu me questiono o tempo inteiro, porque as circunstâncias mudam constantemente. Só porque uma coisa agrega valor hoje não significa que continuará fazendo isso amanhã. Então, continuo me questionando e me ajustando de acordo.

Conforme os últimos seis meses passaram, fui descobrindo mais sobre mim mesmo do que eu pretendia, uma consequência de prestar atenção. Aprendi sobre o meu consumo, por que passei tanto tempo atraído por ele e por que isso acabou me fazendo mal.

Entenda, toda mariposa se sente atraída pela luz, mesmo quando essa luz é uma chama, quente e ardente, tremeluzente, o fogo chamando a pobre criatura com sua luz branco-azulada. Contudo, quando a mariposa se aproxima demais da chama, todos sabemos o que acontece: ela se queima, incinerada por aquilo que a atraiu em primeiro lugar. Por décadas, vivi como a mariposa, seduzido pela chama do consumismo, o belo incêndio da cultura pop, uma explosão de luxúria, ganância e desejo, uma ânsia inquietante de consumir aquilo que não pode ser consumido, de ser satisfeito por aquilo que nunca satisfaz. Uma proposta inexpressiva, que me deixava vazio por dentro, abastecendo ainda mais o meu desejo de consumir. Assim, aceitar a realidade dessa chama é importante: ela é necessária e linda e, acima de tudo, perigosa. Essa percepção, essa *consciência* do perigo, é difícil de alcançar. Mas é assim que acordamos.[27]

Agora, a apenas alguns quarteirões da Times Square, onde a chama queima com todas as forças, tudo está claro para mim, enfaticamente claro. Estou seguindo em frente, no presente, tentando deixar o passado para trás. Minha mãe morreu; nada vai mudar isso. Meu casamento acabou; Keri merece ser feliz, mesmo que isso signifique que ela seja feliz com outra pessoa, outra pessoa que não sou eu.

Sim, consigo prestar atenção no caminho adiante agora, ignorando os destroços que ficaram para trás. Com uma vida mais leve, me sinto empolgado — elétrico, como os outdoors digitais que atacam a cidade ao meu redor agora. Quase consigo inspirar a luz. O trânsito passa veloz. Buzinas atacam meus tímpanos, abafando um milhão de conversas que ocorrem em cada calçada. Isto é o oposto de tranquilidade, a antítese da solidão e da calma, além do limite da minha tolerância. É enlouquecedor. A hostilidade dos barulhos me faz ansiar pela eufonia do silêncio, por uma quietude tão real que eu seja capaz de segurá-la nas mãos. Mas preciso esperar. Não há nada disso aqui. Fecho os olhos e sinto vontade de gritar alguma coisa, qualquer coisa, porém minhas cordas vocais são como uma vela sob o sol; elas não seriam capazes de competir com o caos. O deus da confusão habita este lugar.

Eu me sinto mais velho do que costumava me sentir, porém de um jeito positivo: mais maduro, menos impulsivo, mais bem ajustado. Tenho um vislumbre do meu reflexo na vitrine de uma loja e noto que também *pareço* mais velho. Vou completar 29 anos na próxima semana, e a fase mais difícil, mais árdua e, de muitas formas, mais surreal da minha vida ficou para trás. Quando olho para a frente, há algo diferente no horizonte.

Algumas semanas atrás, outro tuíte de Colin Wright chamou minha atenção. Ele disse que ficaria dois meses nos Estados Unidos depois de passar os últimos quatro morando em algum país distante e exótico, e queria saber se alguém podia lhe emprestar um smartphone enquanto ele viajava pelo país com duas mulheres.[28]

Bom, por acaso sou responsável por um grupo de lojas cujos principais produtos são, hum, telefones celulares, então respondi ao tuíte de Colin e perguntei para onde eu poderia enviar o aparelho — um presente por ele agregar valor à minha vida. Ele me passou um endereço em Nova York. "Vou a Nova York no fim do mês", respondi. Ele aceitou almoçar comigo.[29]

Então, aqui estou, vagando por Manhattan em busca da Grey Dog, a cafeteria em que marquei de me encontrar com Colin. Tenho um BlackBerry no bolso, que pretendo dar para um cara que não conheço — um sujeito de 25 anos da internet. Aquilo não parecia estranho pelo Twitter, mas, agora, é quase como se eu estivesse fazendo algo suspeito, como comprar drogas ou vender gatos sem pelos no mercado paralelo. É uma sensação esquisita. Sem qualquer motivo para isso, olho para trás, num gesto que com certeza parece desconfiado.

Meu Deus, como está quente. Eu sempre transpiro tanto assim? Só faz alguns dias que estou aqui e já cansei deste lugar. Se o lar é onde fica o nosso coração, então Nova York com certeza não é o meu. A Times Square foi só a gota d'água. Eu me sinto cercado por esta cidade, sem ter onde encontrar abrigo.

Hoje cedo, resolvi visitar a Times Square antes de me encontrar com Colin. Estive poucas vezes em Nova York, e nunca tinha ido à Times Square. Não existe motivo para alguém visitar aquele lugar além do passeio obrigatório que todo mundo precisa fazer quando vem à cidade.

Para chegar lá, saí da linha J na estação Grand Street e comecei a assimilar tudo: os trilhos de trem pretos e arenosos embaixo. O concreto acima, cheio de chiclete. As paredes forradas de azulejos. Um velho asiático tocando música do Extremo Oriente no que parecia ser um banjo. Um rato vagando pelos trilhos. Duas adolescentes rindo e apontando para o rato, fingindo estarem enojadas e chocadas ao mesmo tempo. Da estação do metrô, subi por um lance eterno de escada, em busca de ar fresco, enquanto uma mulher robusta com um sotaque pesado do Leste Europeu descia do outro lado de um corrimão divisor imundo. Ela me parou e disse:

— Eu não estou aqui.

Foi uma declaração esotérica, um paradoxo confuso. Só que soou mais como "Eu não estou aqui?", e ela parecia perguntar onde estava ou se ia na direção correta.

— Está, sim. Você *está* aqui, querida — falei, tocando seu braço com delicadeza, e continuei subindo a escada.

Eu não tinha condições de dar orientações para ninguém. Saí da congestão, do calor e da umidade subterrâneos para a congestão, o calor e a umidade das ruas de Nova York. Aqui e agora, uma babilônia no sábado.

Estou sem fôlego, fora de forma. O sol tem a cor de um bloco de papel amarelo molhado e faz meus olhos lacrimejarem, mesmo usando óculos escuros. A proporção de mulheres bonitas e não bonitas caminhando pela Avenue of the Americas é surpreendentemente positiva. Seguindo para o norte, noto um homem em situação de rua com um cartaz de papelão que diz apenas PRECISO MAIS MOEDA. Alguns quarteirões depois, um pedinte barulhento está sentado em uma cadeira de rodas, sorrindo e gargalhando sozinho. Há um cartaz no seu colo: SE VOCÊ NÃO ME DER DINHEIRO, VOU TE DAR UM CHUTE NA CARA. Ele não tem pernas.

Sinto as gotas de suor começando a se acumular e escorrer pela minha lombar enquanto abro caminho pelo mar de gente, uma população impulsionada pelo movimento, multidões enérgicas com óculos Ray-Ban, shorts jeans justos, camisetas com decote em V profundo, fones de ouvido cor de leite nas orelhas, tênis All Star, braços preenchidos com tatuagens coloridas, camisas sociais de algodão para dentro de calças cáqui justas e passadas, bolsas no estilo carteiro de couro e tantos vestidos de alcinha bonitos que perco a conta, um campo minado do consumo, todo mundo almejando ter uma aparência diferente — *ser* diferente —, porém, quando todos se esforçam tanto para serem especiais, acabam se tornando iguais, homogeneizados em sua exclusividade.

As pessoas evitam contato visual, olhando para tudo — para *qualquer coisa* —, menos umas para as outras, como se houvesse um contrato social esquisito, controlado pela confusão em massa, espectadores presos por vontade própria em uma ilha onde não querem ficar. Corpos percorrem ruas e avenidas em fluxos radiais, deslocados e separados, um ciclo contínuo, sozinhos no lugar mais populoso do continente.

Um executivo passa rápido, papagueando uma série de clichês corporativos incoerentes ao celular:

— ... sim, vamos precisar *dar um gás na nossa distribuição*... parece que estamos *em ponto de bala* nesse... a gente pode *voltar nesse argumento* e *retomar contato* de manhã... a *verdade* é que a gente teve que *fazer pressão* nele... estamos falando de uma *iniciativa de primeira*, que veio *lá de cima*... vamos *entrar com tudo*... a gente só precisa *manter o foco*... et cetera, et cetera, et cetera...

Ele disse mesmo *et cetera* três vezes seguidas, no meio do discurso, sem parar para respirar. Continuo andando para o norte, percebendo que, de muitas formas, nós dois somos iguais.

Mais à frente, um homem hispânico deixa cair sem querer a manga que comia enquanto atravessa a rua, e é quase atropelado por uma perua Volvo bege que ultrapassa o sinal amarelo. Um adesivo na perua diz: QUERIDOS HIPSTERS, JÁ FOMOS IGUAIS A VOCÊS. ASSINADO: OS YUPPIES.[30]

Uma dupla de irmãos persegue um bando de pombos a meio quarteirão de distância. Logo além deles, há um homem cego apoiado em uma parede de tijolos, segurando um copo de papel velho e uma placa que não pede dinheiro, mas afirma: VOCÊ É AMADO, MESMO QUE NÃO SAIBA. Sua bengala está apoiada nos tijolos cor de ferrugem ao lado. Não consigo evitar o pensamento de que o homem cego talvez enxergue melhor do que eu, melhor do que a maioria das pessoas que se reúnem naquelas calçadas lotadas, e então, me sentindo culpado, coloco uma nota de vinte dólares no copo dele e imediatamente me arrependo, questionando a minha decisão porque não sei se o homem é cego de verdade ou se está fingindo, e posso precisar daquela nota de vinte mais tarde, e se o homem realmente for cego, mas pretende usar o dinheiro para comprar álcool ou heroína, isso significa que só estou piorando o problema, um cúmplice voluntário de um crime sem vítimas.

Durante minha caminhada rápida até a Times Square, recebo nada menos do que meia dúzia de panfletos com fotos de garotas bonitas, todas seminuas em poses provocantes, todas com rostos inexpressivos. A cada panfleto jogado fora, sinto um desespero profundo, uma espécie de lacuna na alma, um vazio vasto que é difícil de descrever.

Então, agora estou aqui, parado no meio da confusão, na Times Square. Minhas pupilas dançam na luminescência dominadora, e me pergunto por que me dei ao trabalho de vir. A Times Square em si é decepcionante; parece que foi projetada para ser desse jeito, para deixar um vazio que você precisa preencher comprando coisas, coisas que são anunciadas em cada superfície lisa. É o epítome perfeito da abundância, do consumismo e do lado maléfico, difícil de explicar, do capitalismo. E ela cumpre com mestria o trabalho para o qual foi projetada, dominando o sentido das pessoas com um marketing bonito, moderno, legal, novo, da moda. Parar aqui é como beber água de uma mangueira de incêndio: mais do que você precisaria em uma vida inteira, e, mesmo assim, sua sede é insaciável. Se você tem noção do que está acontecendo, é uma experiência dolorosa; se não, é emocionalmente frustrante.

A luz dentro da Grey Dog é filtrada por janelas opacas. O eco da cidade continua zumbindo dentro de mim. Colin e eu ocupamos uma mesa de quatro lugares no fundo do restaurante. Sento e escuto, cansado e sedento.

Minha camisa está ensopada. Gotas de suor se acumulam nas rugas da minha testa. Meu cabelo foi rearrumado pelo clima da cidade. O copo de água gelada quase não faz diferença no calor absurdo. O gelo já derreteu; círculos de condensação se formam no ponto em que o copo se encontra com a mesa.

Colin usa uma camisa social extremamente bem passada para fora da calça jeans. De algum jeito, ele é ainda mais bonito em pessoa, cheio de confiança, mas nem um pouco arrogante. Há uma caneca diante dele; o vapor sobe até seu rosto. Sentado com a coluna empertigada, sua postura transmite atenção. O lugar não tem ar-condicionado, ou, se tem, não está funcionando, mas ele toma uma bebida quente, desafiando todos os princípios básicos da anatomia humana, sem um pingo de suor na sua pessoa. Seu cabelo está penteado, sem se deixar afetar pelo clima.[31]

"Wayfarer", uma música de Jay Nash, toca baixinho nas caixas de som penduradas em cada canto da cafeteria. Colin exala boas intenções. Ele me dá um resumo de tudo que aconteceu no último ano, com um sorriso bobo no rosto.

— A Nova Zelândia é tão bonita que parece ter saído de um conto de fadas — diz ele. — Mas a beleza precisa compensar as outras coisas.

— Compensar as outras coisas? — pergunto, ainda bufando de calor, minhas palavras soando como uma gagueira ofegante.

— A internet é horrível. Eles basicamente usam as sobras da Austrália. Quer dizer, ainda fazem propaganda de internet discada por lá. Sem brincadeira. E, para alguém que ganha a vida on-line, isso é um problema enorme.

— Foi por isso que você passou para o mercado editorial? — pergunto.

Colin tinha escrito que estava transformando seu negócio, saindo da gestão de marcas e passando para o mercado editorial, um dos motivos pelos quais eu quis conversar com ele. Faz muito tempo que escrevo ficção, e tudo que ganhei em troca foi uma pilha de cartas de rejeição de agentes e editoras. Então, quer saber?, concluí que sempre fui um cara que gosta de fazer as coisas por conta própria — cresci no mercado corporativo sem ter as qualificações adequadas, sem um diploma de faculdade —, e agora aparece esse cara que realmente está *fazendo as coisas sozinho*, sem esperar a permissão de ninguém para publicar seus trabalhos. Eu queria saber como fazer isso, queria a opinião dele, queria descobrir qual rumo seguir. Basicamente, eu estava interessado no caminho das pedras.

— Foi — responde Colin. — Pela primeira vez na vida, não consegui cumprir meus compromissos com os clientes. Então tive que ir abrindo mão da minha clientela aos poucos, indicando outras pessoas que poderiam suprir melhor suas necessidades. Foi difícil. Tive de parar e pensar: "Que raios eu vou fazer agora?"

— Nossa. Que banho de água fria.

— Pois é. Mas também foi bom isso ter acontecido. Porque remover aquela conexão constante me deu muito tempo para pensar. E, com o blog, me dei conta de que não preciso manter contato constante com meus clientes se eu publicar um conteúdo próprio. Contanto que eu tenha uma conexão periódica, posso postar meus textos na internet de acordo com os *meus* horários, não os de outra pessoa. Foi aí que eu percebi que devia mudar o foco, parando de trabalhar com os clientes e passando a publicar um trabalho próprio.

— Publicar em que sentido?

— Bom, até aquele ponto, a única experiência real que eu tinha nesse mercado era com o meu blog. Mexi um pouco com jornalismo e poesia na época da faculdade, mas isso era diferente do que eu queria fazer agora. Lançar minhas publicações.

— Tipo, publicar só por vaidade? Ou é mais uma autopublicação?

— Uma publicação *independente* — corrige ele. Essa distinção sutil sugere um abismo imenso entre as nossas definições.

— Qual é a diferença?

— Quando penso em autopublicação, penso em qualidade ruim, em redação fraca, em alguém que não é bom o suficiente para ser selecionado pelas grandes editoras. Mas a publicação independente me parece uma coisa mais *indie*. E, quando eu penso em *indie*, penso em artesanal, legal, sincero, subversivo. Tipo música indie ou cinema indie. Acho que podemos dizer que a autopublicação se compara à publicação indie do mesmo jeito que bandas de garagem se comparam a bandas indie, ou filmes caseiros ao cinema indie.

— Parece que a maior diferença é a qualidade.

— Sim, principalmente. E também a distribuição. O que significava que eu precisava ampliar meu público, ter uma tribo de pessoas dispostas a me apoiar. Eu sabia que isso era importante. E, como eu queria ser *dono* do meu trabalho, sabia que teria de encontrar esse público por conta própria. Então escrevi dois livros e os ofereci de graça, como e-books. A única condição? Pedi às pessoas que os passassem adiante se gostassem do conteúdo. E elas gostaram. Muito. Em poucos meses, os dois livros já têm mais de cem mil downloads.

— Uau. Aposto que isso exige muito trabalho nos bastidores e muito marketing pessoal.

— Deu bastante trabalho, sim. Não foi fácil.

— É intimidante.

— É divertido. Pense assim: eu controlo tudo, meu público, minha mão de obra, meu destino. Agora que tenho leitores, eles estão dispostos a pagar pelo meu trabalho, porque o valorizam. É difícil, mas também é libertador. Eu controlo o processo todo.

— Chega de ficar contando com a velha guarda.

— Exatamente. Você tem experiência no mercado?

— Faz quase uma década que escrevo ficção.

— Já conseguiu publicar alguma coisa?

— Não, não pra valer — digo. — Mas já recebi um monte de cartas de rejeição.

— Você é bom? — pergunta ele, de um jeito gentil.

— Sim. — Escuto-me reconhecer pela primeira vez em voz alta.

— Sério?

— Sem dúvida — digo, sabendo que, nos últimos seis meses, melhorei muito, escrevendo todos os dias, me tornando obcecado pela arte. Peguei uma coisa em que eu era bom e comecei a seguir rumo à excelência.

— Bom mesmo?

— Folhas em branco nunca estão a salvo comigo.

Colin ri e então gesticula para o guardanapo de papel marrom diante de mim.

— Olha, nem os guardanapos estão seguros.

Sorrio. O papel está cheio de tinta vermelha, frente e verso.

— Com que frequência você escreve? — pergunta ele.

— Acordo às 4h45 toda manhã, uma hora antes de eu precisar me arrumar para o trabalho, e escrevo por esse tempo todo, às vezes mais. Se eu precisar, deixo de dormir para escrever.

— Você devia começar um blog.

Um pensamento surge na minha mente: *que raios é um blog?* Quer dizer, eu já tinha escutado Colin usar a palavra, mas não sabia o que ela significava.

— Um blog? — Pergunto.

— Sim. Você devia cogitar essa ideia de verdade. Se você é bom, e parece ser mesmo, não existe forma melhor de conquistar leitores. Se as pessoas acharem que o seu trabalho acrescenta algo à vida delas, ele vai ganhar espaço com o tempo.

Concordo com a cabeça, educado, mas basicamente dispenso a ideia no instante em que ela sai da sua boca. Sinceramente, não sei o que é um blog, mesmo depois de ler os de Colin, Becker, Courtney e Leo, que achei serem apenas "sites", não "blogs". Para mim, *blog* parece uma velharia da internet, onde avós de 83 anos catalogam fotos de seus gatos.[32] Além do mais, não sei nada sobre como começar um blog. Mal consigo soletrar HTML, que dirá construir algo que fique bonito e chame a atenção das pessoas. Pelo amor de Deus, eu aprendi a digitar em uma máquina de escrever. O e-mail só surgiu na minha vida em 2002, aos 22 anos, quando a Broadspan finalmente obrigou todos os funcionários a usá-lo, coisa que fiz de má vontade. Não, um blog, seja lá o que isso fosse, estava quase completamente fora de cogitação.

— Valeu. Vou pensar no assunto — digo.

— Depois me avisa o que você resolver.

— Tudo bem. — Concordo com a cabeça. — Ah, quase esqueci. Seu telefone novo.

Tiro o BlackBerry do bolso e o coloco na mesa. Três garotas de 20 e poucos anos, cada uma sozinha em sua própria mesa, olham na nossa direção ao mesmo tempo; pelos seus olhares fascinados, é óbvio que não estão focadas em mim.

A picape azul brilhante de Ryan me espera do lado de fora do aeroporto, parada ao lado de uma placa de NÃO ESTACIONE,[33] seu pisca-alerta marcando meu retorno a Ohio.

Está quente, mas pelo menos tem ar-condicionado. A cabine da picape está cheia de bobagens. Equipamentos, bugigangas e papéis de trabalho, roupas e ferramentas e vários aparelhos. Mal sobra espaço para a minha mala. O sol já estava alto, com uma vista abrangente do nosso trajeto.

— Eu estava querendo perguntar uma coisa pra você — diz Ryan atrás do volante.

Nós seguimos para o sul pela I-75, rumo ao centro de Dayton.

— Diga.
— Hum, bom... Não sei bem como começar.
— Começar o quê?
— Por que raios você anda tão feliz ultimamente?
— Quê?
— Bom, é que eu notei uma diferença imensa no seu comportamento nos últimos meses. Você está, tipo, hum, você está *feliz*.
— É, e daí?
— Você vivia estressado. Tipo o tempo todo. Mas agora está calmo pra cacete, e parece tranquilo. E emagreceu também, está com uma cara mais saudável. O que houve? Está tudo bem? Você não anda tendo pensamentos suicidas, né?

Dou uma risada. Então conto sobre os últimos oito meses. Explico que adotei o minimalismo e que ele me ajudou a focar as minhas prioridades. Que comecei a me livrar das minhas posses materiais. Que passei a viver de um jeito mais saudável, me dedicando à escrita e quitando dívidas imensas. Que estou aprendendo a tocar violão, algo que queria fazer há anos. Eu me dou conta de que ainda não tinha compartilhado minha jornada com ninguém. Talvez por medo de ser julgado, ou por medo de fracassar. Mas não fracassei, está tudo dando certo. Eu me sinto mais feliz, como há muitos anos não me sentia. E agora, pela primeira vez desde que comecei a simplificar, alguém notou os benefícios que venho sentindo.

— Minimalismo, é? — pergunta Ryan depois do meu monólogo demorado.
— Acho que também daria certo pra você.
— Você acha?

Levanto os braços para mostrar a cabine lotada da picape.
— O quê? Essas coisas? — pergunta Ryan, de forma retórica. — Estou um pouco atrasado com a minha limpeza da primavera, só isso.
— Estamos quase em julho.
— E daí?
— E daí que você tem coisa pra cacete.[34]

6 || O som do minimalismo

Novembro de 2010

Esta é a festa menos chata em que estive em muito tempo. A música é ótima (eu escolhi). O lugar é tranquilo (estamos no apartamento de Ryan). Além disso, só tem gente legal aqui (somos só eu e Ryan). E o restaurante de comida chinesa no fim da rua logo vai fazer uma entrega. Espero que o pessoal do China Garden encontre o endereço. Quando Ryan fez o pedido, o homem ao telefone perguntou o "nome de rua" em um inglês macarrônico.

— Me chamam de El Greco — respondeu Ryan com uma voz rouca.

Meus amigos sabem que não gosto de festas. Qualquer evento com "Diversão!" como pré-requisito não me parece uma boa ideia. Mas esta festa é diferente. Este é meio que um evento para Ryan testar o minimalismo. Como ele é bem menos paciente do que eu,[35] bolamos um plano para ajudá-lo a adotar o minimalismo de um jeito mais eficiente do que meu processo lento, de oito meses.

Então resolvemos fazer uma festa do encaixotamento.[36] Hoje vamos passar o dia todo encaixotando tudo no apartamento de 185 metros quadrados de Ryan.

— Me passa essa canetinha — diz ele de um canto.

Estico a cabeça para enxergar atrás da parede que obstrui minha vista. Ryan está usando uma camisa verde que exibe a silhueta de um camelo acima da frase QUER MONTAR? Caixas vazias ocupam boa parte da sua *segunda* saladeestar. Por que ele precisa de duas salasdeestar em seu apartamento de três quartos, nunca vou saber.[37]

Ryan acabou de remover os últimos quadros com imagens genéricas das paredes. Tirando os orifícios de pregos e parafusos em alturas diferentes,[38] o cômodo agora está vazio.

Nosso plano: encaixotar todos os seus pertences como se ele fosse se mudar.[39] Todos mesmo. Suas roupas, seus pratos, seus equipamentos eletrônicos. Suas toalhas, seus produtos de limpeza, seus itens de higiene pessoal. Até mesmo seus móveis, que, no geral, são grandes demais para "encaixotar", serão cobertos com lençóis, escondendo os sofás e as mesas e as várias televisões, tornando os itens maiores inacessíveis até que ele os "tire da caixa". Quando tudo estiver armazenado em embalagens de papelão devidamente identificadas, Ryan vai passar os próximos 21 dias tirando das caixas apenas aquilo de que precisa. No fim de três semanas, ele pretende tomar uma das seguintes atitudes com tudo que continuar guardado: vender, doar ou jogar fora.

Agora estou parado na cozinha, de olhos arregalados como uma criança de classe média na manhã de Natal, com um saco plástico gigante na mão esquerda, enquanto a direita faz todo o trabalho. Ryan me deu permissão para jogar fora "algumas coisas" — os itens de que ele não dará falta. Mantendo aberto o saco de cinquenta galões, vou jogando o máximo de coisas lá dentro antes que ele perceba.

— Ei! O que você está fazendo? — grita Ryan do cômodo adjacente, a saladeestar número um, onde ele acabou de cobrir uma mesa de centro com um lençol dos Teletubbies. Não faço a menor ideia de como/por que ele tem esse lençol.[40]

— Nada — respondo. — Só jogando umas besteiras fora.

Cheguei à conclusão de que é muito mais fácil se livrar das porcarias dos outros. Não existe apego pessoal. Isso se tornou bem mais evidente depois que adotei o minimalismo. São só coisas. Bobagens. Lixo.

— Ei, ei, ei. — Ele entra correndo no cômodo. Seus pés descalços emitem um som engraçado contra o piso de azulejos, uma mistura de sucção com deslize. — Não joga isso fora — diz ele, enfiando a mão dentro do saco cheio pela metade e tirando uma caneca cor de muco com O MELHOR AVÔ DO MUNDO estampado de um lado, em Comic Sans.

— Sério? Eu não sabia que você era avô.

— É, eu posso precisar dela. E isto aqui? Não joga fora os cabos extras.

— Cabos extras? Pra que servem?

— Sei lá, posso precisar deles um dia. Deixa aqui.

— Por quê?

— Só pra garantir.

Ah, essas três palavras delicadas: só pra garantir. Eu as conheço muito bem. Por muito tempo, tive um relacionamento íntimo com o *só pra garantir*. Eu guardava centenas — talvez milhares — de coisas, *só pra garantir* que elas estariam lá caso fossem necessárias. Com muita frequência, não me desapeguei de bobagens porque eu *podia* precisar de algum objeto aleatório em um futuro distante hipotético. Até quando eu viajava, sempre colocava coisas demais na mala — *só pra garantir.*

Este ano, porém, quando comecei a me livrar do excesso, percebi que não preciso ser tão apegado às coisas que são *só pra garantir.* A verdade é que elas raramente são usadas, e, assim, ficam lá, só ocupando espaço, atrapalhando, sendo um peso. Na maioria das vezes, são objetos de que nunca vou precisar.

Dessa forma, alguns meses atrás, criei uma teoria. Eu a chamo de Teoria 20/20: basicamente, qualquer coisa que eu jogar fora pode ser substituída por menos de vinte dólares, em menos de vinte minutos do meu local atual — *se* eu precisar mesmo dela.

Por enquanto, essa teoria se mostrou verdadeira em cem por cento dos casos. Apesar de eu raramente ter precisado substituir uma coisa que era só pra garantir, nunca tive que pagar mais de vinte pratas nem sair do meu caminho por mais de vinte minutos para isso. (Observação: os três objetos só pra garantir que tive de comprar de novo são uma tesoura, um short de academia e um dicionário de inglês contemporâneo.) Imagino que minha pequena teoria funcione em 99 por cento das vezes para, tipo, 99 por cento de todas as coisas (e para 99 por cento de todas as pessoas).[41]

Eu descobri que, quando removo os objetos que estão na minha vida só pra garantir, libero o espaço que eles ocupam — o espaço físico e mental que tomam. Mais importante, não senti falta de nenhuma das centenas de coisas que joguei fora — as pilhas de revistas, os apetrechos extras de cozinha, as roupas que passei meses sem usar, os casacos extras, os sapatos extras, todas as porcarias extras que entulhavam o meu mundo *só pra garantir* que estariam lá caso um dia fossem necessárias.

No fim das contas, eu *não precisava* de verdade de nada daquilo. Agora, sempre que sinto a necessidade de ficar com algum objeto, me livro dele assim que me pego pensando nestas três palavras: só pra garantir.

Ryan está parado diante de mim, agarrando sua caneca do AVÔ com a mão esquerda e apertando um bolo de fios elétricos na direita. Os cabos parecem um aglomerado de algas marinhas pretas. Sua expressão exibe um pouco de medo, ou uma ansiedade intensa.

— Acho melhor você só jogar fora o que tiver certeza absoluta que é lixo — diz ele.

— Tem certeza de que isso aí não é lixo? — pergunto.

— Olha, se eu te contar uma piada, promete que não vai jogar fora as minhas coisas?

— Talvez — respondo.

As piadas de Ryan geralmente são ótimas, mas não pelos motivos certos.

— Por que a galinha atravessou a estrada?

— Não sei, mas estou cansado de viver em um mundo em que a gente vive questionando as decisões das galinhas.

— Só me ajuda a encaixotar tudo, por favor — implora ele.

— Tudo bem.

Nove horas e duas entregas do China Garden depois, tudo está guardado. Meu som portátil continua ligado. Chris Martin, do Coldplay, está cantarolando o segundo verso de "Square One" enquanto sentamos no chão da segunda sala de estar. Tudo que Ryan possui — cada coisinha pela qual ele trabalhou na última década — está aqui, neste cômodo. Caixas estão empilhadas, com algumas pilhas chegando à metade do pé-direito de três metros e meio. Minhas mãos cheiram a papelão. Cada totem em cada torre de caixas está identificado, para Ryan saber onde procurar quando precisar de alguma coisa específica: SALA-DEESTAR 1, COZINHA — PRATOS, SALADEESTAR 2, ROUPA DE CAMA, COZINHA — UTENSÍLIOS, BANHEIRO 2, GAVETA DE PORCARIAS 1, ARMÁRIO DO QUARTO 4 — CALÇAS, LIVROS 4, QUARTO DE HÓSPEDES, GAVETA DE PORCARIAS 7, e assim por diante.

Nós dois estamos cansados, ofegantes. Estou sentado sobre a LIVROS 6.

— Eu não sabia que você tinha tantos livros — digo.

— Nem eu. Você também tinha muitos?

— Tinha.

— Mais do que isso?

— Sim. Uma montanha de livros. Tipo uns dois mil. Talvez mais.

— Dois mil. Eita. No geral, eram sobre o quê? Ficção? Livros sobre negócios?

— Cara, eu tinha de tudo: edições de capa dura, edições baratas, gramáticas, livros sobre fotografia, autoajuda, livros de imagens, periódicos médicos antigos, ficção...

— Tinha aqueles bonitinhos, que as imagens abrem para fora? — pergunta ele, desdobrando as mãos como se algo saísse de suas juntas.

— Tudo que você puder imaginar. Prateleiras e prateleiras e mais prateleiras, todas entupidas de livros. — Faço uma pausa.

— Eu li alguns, e pretendia ler muitos outros. Algum dia. Sabe, quando eu tivesse tempo.

— Sei como é. Mas o tempo nunca aparece.

— Sim, pois é. Quem eu queria enganar?

— Então por que você tinha tantos?

— Pra ser sincero, achei que minhas prateleiras lotadas me faziam parecer importante, inteligente, legal. Tipo, *olha só pra mim, eu sei ler, e leio muito*!

— Uma coleção *impressionante*.

— O pior era que eu achava que os livros me tornavam alguém de verdade, alguém importante. Mas, ironicamente, foram uns trechos de um livro que eu tinha, *Clube da luta*, de Chuck Palahniuk, que me inspiraram a me livrar de alguns deles.

— Que trechos?

— Teve dois trechos que se destacaram mais, e vou parafrasear. Palahniuk escreveu alguma coisa como "Rejeite as pressuposições básicas sobre a civilização, especialmente a importância das posses materiais" e "As coisas que você possui acabam possuindo você". Essas duas partes meio que me despertaram, me fizeram olhar para as minhas coleções de um jeito diferente, e me levaram a outra frase poderosa do mesmo livro: "Só depois que perdemos tudo é que nos tornamos livres para fazer qualquer coisa."

— Que frase ótima.

— Concordo. Essas palavras me afetaram muito. Tipo, eu conseguia *sentir* o que ele estava dizendo, sentir nos meus nervos. Em uma semana, vendi ou doei noventa por cento dos meus livros e comprei um Kindle, que é onde guardo meus livros novos agora.

— E se você quiser um livro que ainda não está disponível no formato eletrônico?

— Não tenho esse problema com frequência, mas, quando acontece, arrumo o livro em outro lugar, tipo uma biblioteca, uma livraria pequena, pela internet. Quando acabo de ler, geralmente doo o exemplar. É meio engraçado: não tenho mais pilhas de livros, e agora leio mais do que antes.

Ryan concorda com a cabeça.

— É meio triste ver quanto valor eu dava para o monte de livros que tinha. É óbvio que não se tratava só do valor real. O valor real estava nas palavras, no ato de ler, não nas edições físicas em si. Não adianta nada ter um cômodo lotado de livros de que você não precisa, especialmente quando outras pessoas podem aproveitá-los.

— Então quais livros você manteve?

— Só fiquei com as edições físicas dos meus favoritos, e acabei montando uma estante de obras selecionadas com cuidado e que agregam valor à minha vida, livros que ainda consulto de vez em quando.

— Foi difícil abrir mão dos outros?

— Foi. Porque eu sabia que eles faziam parte da minha identidade. Parte de mim. E quando uma coisa se torna parte da sua identidade, quando se torna parte de você, é difícil desapegar.

— Muito difícil — diz Ryan. — Mas acho que isso vale pra tudo que permitimos se tornar parte da nossa identidade. Tipo nossa carreira, nosso carro, nossa casa, nossas posses, nossos objetos sentimentais, nossa coleção idiota de DVDs.

Ele aponta para duas caixas identificadas como DVDs 1 e DVDs 2. Então baixa a cabeça, fingindo estar com vergonha.

— Como um ex-*colecionador*, eu concordo — digo. — E vou além: acho que a *arte de colecionar* é perigosa.
— Perigosa?
— Sim. Pode ser. Colecionar posses materiais é, de muitas formas, um tipo de acúmulo. A palavra *colecionador* apenas soa melhor do que a alternativa.
— Do que você está falando? Colecionar é diferente de acumular. São coisas opostas.
— Na verdade, não. Na maior parte das vezes, é exatamente igual a acumular.

Ryan me encara com desconfiança, como se eu tivesse peidado na sua frente.

— Não está acreditando? Vamos pesquisar. — Abro o aplicativo do dicionário no meu telefone, que lista os seguintes sinônimos sob a primeira definição de coleção: pilha, monte, amontoado, *acúmulo*. Passo o telefone para Ryan com uma sobrancelha erguida. Ele lê e balança a cabeça, resignado, e me devolve o aparelho. — É estranho — digo —, existe um monte de programas de televisão, sites e clubes dedicados à coleção de coisas. Não à *criação* de coisas, mas só à coleção. E, apesar de eu achar que não existe nenhum problema em ter posses materiais, fico me perguntando por que tantos de nós colecionamos coisas. Qual é o propósito? Por que damos tanta importância aos nossos pertences? Se a coleção nos acrescenta alguma coisa de verdade, então ótimo, acho que devemos colecionar mesmo. Mas o que geralmente acontece é que as coisas que colecionamos não agregam nada à nossa vida e acabam se tornando parte de nós, âncoras malignas.
— *Âncoras?*

— Sim. Âncoras.

— Que interessante. Nunca pensei em âncoras como algo ruim. Eu sempre dizia que pessoas bem ajustadas, pessoas bem-sucedidas, sabe, são *ancoradas*.

— Certo. Muita gente já me disse que sou *ancorado*, como se isso fosse um elogio.

— É verdade. A gente usa isso como um elogio sem pensar muito no que significa.

— Mas eu gosto de pegar essas máximas que todo mundo aceita e virá-las de cabeça para baixo.

— Explorar o outro lado dos clichês.

— Exatamente. Para algumas pessoas, ser *ancorado* pode ser sinônimo de ser *bem ajustado*, mas pensa um pouco... O que é uma âncora? Tipo, no sentido real, físico.

— O negócio que prende um navio na baía.

— Sim. Que finca o navio no porto. Cravado em um lugar. Incapaz de explorar a liberdade do mar.

— Cacete. Você tem razão.

— Como dois caras ancorados, nós temos um monte de âncoras, né? Tipo, temos muitas coisas que nos impedem de sermos livres, coisas que nos impedem de sermos felizes. — Abro os braços, indicando o cômodo ao redor, cheio de posses materiais.

— Talvez ser *ancorado* não seja necessariamente algo positivo.

— Você parece ter pensado muito nisso.

— Pensei. Dois anos atrás, quando minha mãe descobriu que estava com câncer, sentei e cataloguei todas as minhas âncoras pessoais, todas as circunstâncias que me impediam de ser livre de verdade. Foi esclarecedor.

— Esclarecedor de que maneira?

— Eu tinha muitas âncoras. Enchi três folhas de caderno com 83 âncoras no total.
— Oitenta e três? — Pergunta Ryan, incrédulo.
— Oitenta. E. Três. No fim, descobri que ser uma pessoa ancorada era péssimo.
— Suas âncoras não deixavam você viver como queria?
— Sim, e algumas ainda fazem isso. Não acho que todas as âncoras sejam ruins, mas a maioria delas nos impede de encontrarmos uma felicidade duradoura.
— Tipo o quê? Que tipo de âncora? — Pergunta Ryan.
— Para mim, eram várias coisas diferentes. As posses materiais eram as mais óbvias, como uma manifestação física daquilo que me segurava. Mas também coisas como minha hipoteca, as parcelas do meu carro, a maioria das minhas contas e todas as minhas dívidas. Dívidas enormes, terríveis. Que comecei a pagar aos poucos nos últimos dois anos. E então havia, e continua havendo, outras coisas me impedindo de ser livre, como relacionamentos e a minha carreira.
— A sua *carreira*? Sério?
— Sério. Assim como certos, hum, relacionamentos de merda.
— Relacionamentos de merda? Você está falando da Melissa?[42]
Abro um sorriso alegre.
— A gente não pode mudar as pessoas ao nosso redor, mas pode mudar as pessoas ao nosso redor.
Ryan levanta as duas sobrancelhas com um desdém fingido.
— Alguns relacionamentos são prejudiciais aos nossos interesses — digo —, e eles são âncoras.

— Como um relacionamento pode ser uma âncora?
— Imagine que você namore uma pessoa.
— Eu *namoro* uma pessoa.
— Eu sei, mas, para esta analogia, vamos imaginar que você namore uma pessoa hipotética.
— Tudo bem.
— Pense em como você poderia ter conhecido essa pessoa hipotética: onde, em que circunstâncias etc.
— Certo.
— Como vocês se conheceram?
— Provavelmente em um bar — diz ele —, ou no trabalho.
— Certo. Um relacionamento baseado em conveniência e proximidade.
— Mas é assim que as pessoas se conhecem. A gente se encontra em *lugares*. Nós dizemos "Oi, posso pagar um drinque pra você?", ou "Oi, meu nome é Ryan; é um prazer te conhecer". É assim que acontece.
— Verdade, mas esse jeito de conhecer pessoas é bem antiquado.
— Então qual é a alternativa?
— Por muitos anos, nós, junto com boa parte do mundo, nos associamos com pessoas com base na propinquidade.
— Propin... o quê?
— Propinquidade. Ser próximo de alguém ou de alguma coisa.
— Ah. Proximidade, intimidade.
— Isso. Enfim, nós nos associamos com pessoas quase totalmente por propinquidade. No meu caso, e provavelmente no seu também, as pessoas mais próximas são aquelas que estão, bem, *mais próximas*. Isto é, por boa parte da vida, passei meu tempo

com pessoas com quem a coisa que eu mais tinha em comum era a proximidade: colegas de escola, de trabalho, conhecidos, gente com quem eu fazia networking, e assim vai.

— E qual é o problema disso?

— Não se trata de ser um problema ou não. E a maioria dessas pessoas não era ruim, mas, além da nossa localização, não tínhamos muito em comum. Geralmente não compartilhamos os mesmos valores ou crenças, e, verdade seja dita, valores e crenças são a base de qualquer relacionamento importante. Em muitos casos, não temos nem os mesmos interesses.

— Interesses?

— Nós não nos interessamos pelas mesmas coisas. Pense na mulher hipotética que você conheceu no bar ou no trabalho. O que vocês têm em comum?

— Não sei.

— Bom, as únicas certezas que você pode ter é que os dois gostam de ir a bares ou que os dois trabalham.

— Mas eu nem gosto tanto assim de ir a bares.

— Exatamente. Além do mais, eu sei que você não ama seu trabalho. Então as coisas que os dois têm em comum não são nem coisas de que você gosta, e é assim que muitos relacionamentos começam, com pouco em comum, e depois ficamos nos perguntando por que não dão certo.

— Mas se a gente não conhecer as pessoas nos lugares normais, então onde?

— Acho que a gente devia conhecer os outros de um jeito mais proposital.

— Como assim?

— Toda essa história de minimalismo me ajudou a viver de um jeito mais proposital. E meus relacionamentos são mais propositais também. Além das pessoas mais próximas a mim, você e Keri, e um punhado de amigos que fiz no mundo corporativo, todas as minhas amizades mais importantes surgiram on-line.

— Tipo na internet?

— Isso mesmo. Conheci a maioria dos meus amigos mais próximos pela internet.

— Vivendo no futuro.

— É estranho falar assim, eu sei. Mas é uma verdade maravilhosa. E por bons motivos.

— Mas será que as mulheres com quem você sai não se incomodam com seu estilo de vida minimalista?

— Não muito. Quer dizer, por que raios eu iria querer passar boa parte do meu tempo com alguém que não tem valores e interesses parecidos com os meus? Minha vida segue certos princípios, e, assim, meus relacionamentos, sejam íntimos ou não, devem estar alinhados com meus padrões pessoais.

— E se você gostar de verdade da outra pessoa, mas ela for muito diferente de você?

— Ser diferente é ótimo. Às vezes. Sabe, as diferenças incentivam a química, e essa química torna o relacionamento divertido; traz um pouco de variedade. Mas, em longo prazo, é difícil crescer com alguém se vocês dois estão seguindo rumos diferentes, o que vai acabar acontecendo se não compartilharem valores e crenças parecidos. Então, precisamos das duas coisas: do equilíbrio certo de diferenças para que a relação não seja chata e de coisas suficientes em comum para ter uma base firme.

Ryan concorda com a cabeça e limpa uma poeira invisível da sua camisa.

— Mas a questão é que — continuo —, por causa da internet, não estamos mais limitados pela propinquidade. Não precisamos ficar puxando papo com os outros para encontrar uma migalha de algo em comum. Não temos que passar tempo com a pessoa do cubículo vizinho fora do horário de trabalho. Em vez disso, podemos procurar pessoas com valores e crenças parecidos.

— Você diz on-line?

— Sim. O mundo virtual me apresentou a muitas das pessoas mais importantes da minha vida. Consigo pensar em dezenas de nomes num instante. Fiz um monte de amigos novos legais. E, além das amizades, também encontrei alguns relacionamentos íntimos, relacionamentos importantes, que moldaram quem eu sou.

— Por causa dos pontos em comum?

— Pois é. Todos os meus relacionamentos recentes têm duas coisas em comum: nós nos conhecemos por causa da internet e vemos o mundo de forma parecida. Isso não significa que sempre concordamos com tudo nem que temos os mesmos gostos, opiniões ou personalidades. Pelo amor de Deus, nós somos humanos, não robôs. Mas nossos interesses mútuos nos permitem criar laços forjados em algo muito mais profundo do que proximidade.

— Então como é que você conhece pessoas na internet? — Ryan está nitidamente interessado.

— Eu queria que existisse uma resposta simples, mas a internet é tão vasta que tem uma série de formas de conhecer pessoas novas lá. Conheci Colin Wright pelo site dele. Comecei a falar com meu amigo Julien trocando e-mails com ele sobre pão.

— Pão? Nem vou perguntar.

— Conheci pessoas no OkCupid ou em redes sociais. O Twitter funciona melhor para mim, mas existem centenas de formas de puxar assunto e criar conexões com pessoas que compartilham sua ética e seus valores.

Percebo que Ryan está pensando no assunto.

— Então a internet é o melhor lugar pra conhecer pessoas?

— Acho que sim. Se bem que isso não significa que devemos usar só a internet pra encontrar pessoas que pensem como a gente. Mas é importante entender que não somos mais confinados pela proximidade; não precisamos mais conhecer nossa alma gêmea ou um amigo no bar da esquina. Podemos nos aventurar e encontrar alguém que seja compatível, que valha a pena. Afinal, interações legais dão mais significado à vida; elas enchem nossa existência de propósito. Sem elas, seríamos forçados a enfrentar um mundo com pessoas que não são compreensivas, solidárias ou afetuosas. Ou pior, seríamos forçados a enfrentar o mundo sozinhos, na solidão completa, o que não parece uma ideia agradável. Nem para um introvertido como eu.

— Entendi. E os relacionamentos de merda, então?

— Como, na maioria das vezes, desenvolvemos relacionamentos por conveniência, muitos estão fadados ao fracasso.

— Que palavra forte. *Fracasso*.

— Sim, é a verdade. Mas não quero usá-la no sentido sensacionalista da televisão, quando duas pessoas gritam, brigam e jogam as roupas um do outro pela janela. Quero dizer *fracasso* no sentido de que a maioria dos relacionamentos é *legal*; eles são bons, mas não maravilhosos. Isso acontece porque boa parte deles, dos que são baseados na conveniência, não tem as características necessárias para se construir uma conexão bem-sucedida com outro indivíduo, coisas importantes como apoio, confiança e estímulo. Quando um relacionamento surge só por conveniência, proximidade ou química, ele vai fracassar. Nós precisamos de mais do que a presença física de alguém para criar uma ligação profunda, mas acabamos permanecendo próximos dos outros porque... bem, simplesmente porque eles já estão ali.

— Faz sentido. É fácil desenvolver uma conexão com um colega de trabalho, de escola, ou com alguém que sempre está presente, mesmo quando essa pessoa não acrescenta nada à nossa vida.

— E é mais fácil ainda permanecer nesses relacionamentos.

— Com certeza, mas por quê?

— Porque os relacionamentos antigos são convenientes, e é difícil começar novos. Dá trabalho. Assim como tudo que vale a pena manter na vida.

— Mas às vezes a gente mantém as coisas por tempo demais.

— Aham. Todo mundo já ficou apegado a alguém que não merecia. E a maioria de nós ainda tem uma pessoa na vida que só serve para sugar, que não nos apoia. Alguém que só exige, exige, exige, sem oferecer nada em troca. Alguém que contribui pouco e prejudica o nosso crescimento. Alguém que vive bancando a vítima.

— Pessoas que gostam de se vitimizar.

— Exatamente. E pessoas assim são perigosas. Elas nos impedem de nos sentirmos realizados. Elas nos impedem de termos vidas com significado. Com o tempo, esses relacionamentos negativos se tornam parte da nossa identidade; eles nos definem, se tornam aquilo que somos.

— Mas é difícil simplesmente se livrar de um relacionamento negativo.

— É difícil, sim. Mas não impossível. A gente pode tentar consertar o relacionamento, que seria a melhor opção, óbvio. As pessoas mudam com o tempo, e os relacionamentos também. Você pode transformar a maneira como a relação funciona, seja ela um casamento, uma amizade ou uma família, sem jogar tudo no lixo.

— Você acha?

— Sim. É preciso sentar com a pessoa que está drenando suas energias e explicar a ela o que deve mudar para o relacionamento dar certo. Explicar que você precisa que ela seja mais solidária, que participe do seu crescimento, dizer que ela é importante para você, mas que, do jeito que está, seu relacionamento não está te deixando feliz. Explicar que você não está tentando mudar a pessoa em si, só a forma como a relação funciona. E, é claro, perguntar o que ela gostaria de mudar. Perguntar como você pode melhorar. Ouvir com atenção.

— E se você não conseguir mudar nada?

— Você pode terminar tudo, o que é difícil, mas isso se aplica a qualquer relacionamento: família, amigos, namorados, colegas de trabalho, conhecidos. Se alguém só estiver sugando você, é completamente aceitável dizer "Esse relacionamento deixou de me fazer bem, então preciso me afastar, ir embora". Não tem problema ir embora.

— Falar é fácil — diz Ryan.

— É muito mais fácil falar do que fazer — concordo. — Mas, se você está em um relacionamento de merda, seguir em frente é um favor que você faz a si mesmo. Você merece ser feliz em todos os aspectos da sua vida. Você está no controle. Além do mais, seguir em frente pode ser a melhor forma de encontrar relacionamentos novos, motivadores. Recomeçando do zero e de coração aberto, você pode construir relações mais saudáveis, mais fortes, com apoio mútuo. Relacionamentos importantes, que permitem que você se divirta e seja feliz, contribuindo com alguém além de si mesmo. Essas são as relações significativas de que todos nós precisamos.

— E os nossos papéis no relacionamento?

— É claro que é importante fazer a sua parte. Importante demais. Você também deve acrescentar alguma coisa ao relacionamento. Não estou falando de comprar presentes ou de transformar seu amor numa *commodity*, mas de estar presente todos os dias e demonstrar quanto você se importa, de transmitir seu amor por meio de ações consistentes, se esforçar para ajudar a outra pessoa a crescer. Cada um dos dois deve fazer a sua parte para desenvolver o relacionamento. Só assim os dois lados vão ficar satisfeitos com a relação que construíram.

— Então, quando a gente se livra da âncora dos relacionamentos ruins, podemos construir novas relações que sejam mais benéficas para nós.

— Exatamente. Relacionamentos que suprem as necessidades de todo mundo.

— E você também disse que a sua *carreira* é uma âncora? — pergunta Ryan, parecendo mais chocado com essa parte do que com a âncora dos relacionamentos.

— Sim. É uma âncora enorme. O trabalho suga todo o meu tempo.

— Mas seu emprego é ótimo! E você é muito bom no que faz.

— Não. Eu tenho um trabalho aceitável, que paga bem, mas não me satisfaz. Obrigado por dizer que sou bom nele, mas ser bom em alguma coisa não significa que ela se alinha com os meus valores. Não odeio meu emprego, mas com certeza não o amo. Não sou apaixonado pelo que faço.

— A maioria das pessoas mataria por uma carreira igual à sua.

— O problema é esse. É uma carreira — digo.

— É. E daí? Como isso é um problema?

— Vamos pensar num dia normal. Um dia normal de semana. O que você faz?

— Trabalho umas dez ou doze horas.

— Certo. E como você chama o seu trabalho?

— Como eu chamo?

— Não importa o que você faz pra ganhar a vida, acho que o nível da sua paixão pode ser medido pela forma como você classifica seu trabalho. As pessoas tendem a usar três termos para se referir ao que fazem: emprego, carreira, missão. Quando você fala do seu trabalho, que termo usa?

— Acho que eu dizia que tinha um emprego quando trabalhava com o meu pai, antes de me juntar a você no mundo corporativo — diz Ryan.

— Pois é, *emprego* deve ser a resposta mais comum, uma coisa rotineira. Até as pessoas desempregadas procuram *emprego*. É uma obrigação social. O "sonho americano". É o que somos ensinados a fazer. Nós aprendemos a nos dedicar loucamente na escola, depois na faculdade, fazendo coisas com que não nos importamos muito, e depois a encontrar um bom emprego, com um salário decente, bons benefícios e talvez um plano de previdência privada, se tivermos sorte. Nós somos ensinados a trabalhar em um emprego que suga nossas almas por uns quarenta anos para que um dia, talvez, a gente consiga se aposentar e aproveitar a vida por uns três anos.

— Três anos?

— Sim. Há pouco tempo, li um estudo sobre avaliações de seguros que mostra que a expectativa de vida de um aposentado do sexo masculino é mais ou menos três anos após a aposentadoria.

— Que merda.

— Que merda mesmo. Nós aprendemos a trabalhar com uma dedicação idiota para uma entidade inerte, doando nosso bem mais precioso, o tempo, em troca de um salário.

— Viver para trabalhar, em vez de trabalhar para ganhar dinheiro suficiente para viver.

— Isso mesmo. No fim das contas, a maioria de nós passou a acreditar que um salário e todas as coisas que ele pode comprar valem mais do que a própria vida.

— Mas todo mundo precisa ganhar dinheiro pra viver.

— Sem dúvida. Todos nós precisamos pagar pra ter um lugar onde viver, pra ter comida pra comer, pra ter roupas para nos aquecer, pra ter cuidados médicos e algumas outras coisas essenciais. Mas isso que as pessoas chamam de "sonho americano" não significa nada. O "sonho americano" não vai trazer felicidade. Na verdade, pra muita gente, a busca por esses ideais é opressiva e impossível. E mesmo assim continuamos querendo *empregos* melhores.

— Só que, agora, meu trabalho parece mais uma *carreira*. Mais adulto, maduro, responsável.

— Certo. Você trabalhou duro. E construiu uma carreira. Só que eu diria que ter uma *carreira* é uma das coisas mais perigosas se você quiser encontrar satisfação na vida.

— Que coisa ridícula.

— Na verdade não é. As carreiras são perigosas porque as pessoas se doam tanto a elas que desenvolvem uma identidade e um status social com base naquilo em que trabalham e no que fazem da vida. Pense só: uma das primeiras coisas que alguém pergunta depois de te conhecer é "O que você faz?". Aparentemente, é um questionamento inocente, né? Mas ninguém quer saber o que você faz mesmo, porque isso é muito amplo e engloba milhares de coisas: sou voluntário em um sopão comunitário, trabalho no Walmart, gosto de pescar nas minhas folgas, faço exercício cinco dias na semana etc. Não, a pergunta implícita é "Como você ganha a vida?", ou "O que você faz pra ganhar dinheiro?", ou simplesmente "Onde você trabalha?", que são coisas diferentes da pergunta em si. Essa questão supostamente inocente na verdade diz: "Vou julgar seu valor pela forma como você ganha dinheiro e associar um status social específico à sua pessoa com base na sua ocupação profissional." Essa não é uma das primeiras coisas que você pergunta para os outros?

— É. Apesar de eu nunca ter pensado nas coisas dessa forma, como a minha identidade. Mas meio que é mesmo. Meu cargo é uma parte importante de quem eu sou.

— É porque nós precisamos responder a essa pergunta com tanta frequência que nos tornamos enraizados em nossas carreiras. Nós transformamos "o que fazemos" na nossa identidade central e damos aos nossos serviços muito mais valor social do que eles merecem. Quando alguém associa sua identidade à carreira, é difícil se livrar disso, mesmo que a pessoa deteste o que faz.

— É, tipo "Não quero trabalhar aqui, mas essa profissão é o que eu sou!". Já vi acontecer antes. E vejo isso em mim mesmo, de vez em quando.

— Ainda bem que existem formas melhores de responder sobre o que você faz.

— Como?

— Descobri que as pessoas são programadas para responder a essa pergunta sem pensar. Não é muito diferente de quando perguntamos "Tudo bem?". Então, o ideal é fazer a outra pessoa refletir de verdade sobre a pergunta automática que acabou de fazer. Agora, sempre que ouço essa pergunta, costumo responder com alguma coisa que amo fazer, em vez de declamar minha profissão.

— Então, em vez de falar que é gerente regional e tal, o que você diz?

— Eu digo "Adoro escrever", e então completo com "O que você gosta de fazer?", e isso muda completamente a conversa, trocando o rumo do que você *faz* para o que você ama, que é um assunto bem mais interessante para todo mundo.

— Parece mais interessante mesmo.

— Quando mudei meu raciocínio sobre essa pergunta, consegui me afastar da âncora da carreira. Descobri que nossa identidade real deveria ser a nossa vida, todas as coisas que nos interessam, não como ganhamos um salário.

— O que você está dizendo? Que talvez saia da Broadspan?

Olho ao redor do cômodo organizado como se um microfone secreto estivesse instalado em algum canto. É uma pergunta complicada, com uma resposta quase sem volta. Além das caixas, Ryan e de mim, a sala está completamente vazia e silenciosa. Respiro fundo e digo:

— Não consigo me imaginar lá por muito tempo. Talvez mais uns cinco anos. Talvez menos.

O rosto de Ryan se contorce, sem entender minhas palavras.
— Mas como você vai ganhar dinheiro?
— Não sei direito. Mas de novo digo que minha relação com o dinheiro mudou bastante nos últimos dois anos.
— Mudou? Você ainda precisa dele, né? — pergunta Ryan.
— Sim, mas penso no dinheiro de outro jeito agora. Por boa parte da vida, pensei que ele fosse mais importante do que praticamente qualquer coisa. Então fiz sacrifícios pra ganhá-lo, e depois mais sacrifícios pra ganhar mais, e depois mais sacrifícios ainda pra ganhar ainda mais. Você sabe como é: trabalhando muito, deixando minha saúde de lado, ignorando as pessoas mais próximas de mim, abandonando tudo que era importante em busca das poderosas cifras.
— Sim. Quanto mais coisas deixamos de lado, mais importante o dinheiro se torna, porque todo o resto começa a desaparecer — diz Ryan.
— Certo. Mas essa conta não fecha. É óbvio. Quer dizer, eu ganho bastante dinheiro, dinheiro à beça, mas o problema é que passei muito tempo gastando ainda mais. E isso sempre foi uma fonte séria de insatisfação na minha vida, que me assombrou durante meus 20 anos.
— É impossível manter esse padrão metido a besta.
— Pois é. Eu gastava mais do que ganhava, e, por motivos óbvios, a conta nunca fechava, então o dinheiro era a maior fonte de insatisfação da minha vida.
— Você jogou muito dinheiro fora.
— É, bom, eu fui burro. Mas não só porque estava desperdiçando minha renda. Não, fui bem mais burro por causa do valor que eu atribuía ao dinheiro. Eu me considerava apenas

um número, como se houvesse uma cifra na minha testa; eu podia ser comprado. E deixava os outros tomarem meu tempo e minha liberdade em troca de pedacinhos verdes de papel estampados com o rosto de antigos donos de escravos.

— Essa é uma forma de encarar as coisas. Então o que mudou?

— Parei de dar muita importância ao dinheiro. Claro, preciso dele pra pagar pelas coisas básicas, mas não tenho que sofrer por um salário pra comprar porcarias de que não preciso mais. O minimalismo permitiu que eu me livrasse dos excessos da vida para me concentrar naquilo que é essencial.

— O que você está fazendo de diferente?

— Agora, antes de eu gastar dinheiro, me faço uma pergunta: isso vale a minha liberdade? Tipo, esse café vale dois dólares da minha liberdade? Essa camisa vale trinta dólares da minha liberdade? Esse carro vale trinta mil dólares da minha liberdade? Em outras palavras, o que vai agregar mais valor à minha vida, a coisa que estou prestes a comprar ou a minha liberdade?

— Parece uma boa pergunta a ser feita.

— Quando comecei a fazê-la com frequência suficiente, virou um hábito. Agora, me sinto menos preso ao meu salário. Ainda não me livrei de todas as dívidas, mas já paguei uns oitenta por cento, principalmente porque estou gastando menos. Chamo isso de meu Plano de Quitação do macarrão instantâneo.

— Macarrão instantâneo?

— É verdade. A melhor maneira de dar um aumento pra si mesmo é gastando menos. Agora, sei que todo centavo que gasto agrega um valor imenso à minha vida. Tenho onde dormir, os livros e a música que compro me fazem muitíssimo bem, as poucas roupas que tenho me aquecem, as experiências que compartilho com os outros em um cinema ou em um show fazem diferença na minha vida e na dos outros, e um jantar do China Garden com o meu melhor amigo é muito mais importante do que qualquer passeio no shopping.

Ryan abre um sorriso tímido; um olhar agradecido surge no seu rosto.

— Em resumo, não quero mais jogar meu dinheiro fora, então não dou mais tanta importância a ele. Não preciso da mesma renda de antes.

— Mas como você vai pagar suas contas? Mesmo que elas sejam menores, o básico ainda precisa ser pago. Aluguel, luz, água, comida, plano de saúde.

— Não sei. Sinceramente, estou num momento em que eu conseguiria sobreviver trabalhando em uma cafeteria se precisasse. Não seria o ideal, mas melhor do que continuar em uma empresa com valores que não combinam mais com os meus.

— E depois? Você quer tentar fazer algo que ama?

— Posso tentar ganhar a vida como escritor.

— Como você faria isso?

— Não sei, mas um monte de gente faz.

— E se não der certo?

— Se não der certo? Como eu disse, sempre posso arranjar um emprego em uma cafeteria — digo, e então resolvo desenvolver minha resposta. — É uma boa pergunta. *E se?* Acho que a gente devia se perguntar isso com mais frequência. Mas a maioria de nós parece perguntar *E se?* do jeito errado hoje em dia.

— Hã?

— Quando nós éramos crianças, perguntávamos isso o tempo todo, né? *E se* a gente tivesse uma casa na árvore? *E se* a gente tivesse um trampolim? *E se* a gente pudesse voar?

— Sim — diz Ryan, com um olhar de nostalgia infantil.

— A gente sempre perguntava *E se?* com tanto otimismo, mas agora só associamos essa pergunta ao medo.

Ryan usa a camisa pra limpar o suor da testa.

— Nós somos iguais a cachorros, encoleirados pelos nossos medos — digo, e isso parece muito menos profundo em voz alta.

— *E se?* se tornou uma coisa que tira a nossa força — percebe Ryan.

— Sim, mas não precisa ser desse jeito. A gente pode escolher. Então: *e se* der certo?

— Gostei. Então, se você decidir ser escritor em tempo integral, como vai fazer isso?

— Não sei direito, mas você se lembra daquele cara de quem eu falei, Colin Wright?

— O viajante?

— Sim.

— O que tem ele?

— Lembra que eu disse que almocei com ele no verão?

— Sim?

— Bom, a gente conversou bastante sobre como era escrever e publicar os próprios trabalhos, e ele disse que eu devia começar um blog.

— O que é um blog?

Em Ohio, as noites de outubro começam mais cedo. Não são nem seis da tarde ainda, mas a luz do dia já foi drenada do apartamento. Os postes se acendem perto da janela, iluminando uma fileira de caixas de correio acomodadas na beira da rua. Um carro passa devagar, os faróis queimando as gotas de chuva pelo caminho. Um cachorro late em algum lugar fora de vista, o que assusta o gato de Ryan e o faz sair correndo pela casa. Está escuro aqui. A primeira coisa que Ryan precisa tirar da sua nova coleção de caixas é uma luminária. Amanhã é o Primeiro Dia.[43]

7 || Clareza

Dezembro de 2010

Se você estiver dirigindo para Cincinnati na hora errada do dia, um trajeto de 45 minutos rapidamente se transforma em uma odisseia de duas horas. As rodovias mais movimentadas de Ohio — a I-75 e a 71 — se encontram e se separam aqui, fazendo deste o ponto mais engarrafado de uma das piores e mais absurdas horas do rush do país.

Esta manhã não é diferente. A I-75 é um verdadeiro estacionamento, lotada pelo engarrafamento e pela raiva. Eu poderia ir andando até a loja de ferragens, comprar um martelo, usá-lo para quebrar minhas pernas, e, ainda assim, andaria mais rápido do que isso. Mas eu não faria uma coisa dessas; está frio lá fora, e minha calça social é fina.

A leste, acima de Mount Lookout e Mount Adams, dois dos bairros mais abastados da cidade, parece que alguém esfregou um marca-texto cor-de-rosa gigante sobre o horizonte. Meu carro está preso por outros carros por todos os lados. A fúria transparece nas caretas de cada motorista dentro deste mundo rodoviário. Mas não é o meu caso. Estou sorrindo. As últimas 48 horas foram, no mínimo, transformadoras.

No carro à minha esquerda, um cara apara a barba do queixo com um barbeador elétrico. À direita, uma mulher loura com o cabelo despenteado e usando um blazer cinza berra junto com o rádio, que está tão alto que escuto "Clarity", de John Mayer, entrando pelas minhas quatro janelas, acima do zumbido inabalável da alavanca do meu aquecedor. A pessoa no SUV diante de mim — não dá para ver se é um homem de cabelo comprido ou uma mulher de cabelo curto — conversa de forma animada ao celular. É o engarrafamento de praxe das manhãs de sexta.

O cara no meu espelho retrovisor, no entanto, é outra história — inacreditável, uma paródia de um ser humano bagunçado. Preciso olhar três vezes quando o vejo no banco do motorista, com um jornal dobrado sobre o volante, o topo caindo sobre o painel. Sua mão direita segura uma colher e a esquerda, uma tigela de cereal. Nunca vi ninguém comer com tanta ferocidade. É como algo saído de um filme, como se ele estivesse competindo por um prêmio. O leite escorre pelo queixo dele a cada colherada feroz, sua camisa e a gravata de alguma forma intocadas pelo frenesi de alimentação. Como ele consegue dirigir?

Quando chego ao escritório, estou meia hora atrasado.

— Você está bem? — pergunta David, meu chefe, dando um pulo até a minha sala.

Ele não está preocupado porque cheguei atrasado, mas porque se importa comigo de verdade. David McMurry, um homem simpático, parrudo, nem alto nem baixo, ex-jogador profissional de tênis que se transformou em executivo duas décadas e meia atrás, agora com cinquenta e poucos anos, tem mais empatia do que a maioria dos caras no seu patamar.

Ele usa cores de férias, uma de suas camisas casuais de sexta, uma Tommy Bahama de seda com estampa de praia que custa duzentos dólares. Seu rosto emoldurado por pés de galinha exibe manchas vermelhas e espia pela minha porta. Ele teve seu primeiro ataque cardíaco no começo do ano.

— Estou, obrigado — digo.

Meu coração começa a acelerar no ritmo de um trote de cavalo.

— Você não costuma se atrasar — diz ele em um tom que não é de bronca.

— Ei, escuta, acabei aquele plano de reorganização que você me pediu...

— Acabou? Faz menos de dois dias. Achei que um prazo de duas semanas seria pesado.

— Pois é, eu também. Mas acabei. Você tem um tempo?

Ele entra na minha sala, fecha a porta e senta diante de mim. Sinto o sangue pulsando na minha orelha esquerda, meu coração acelerando rapidamente para um galope.

— Tem certeza de que está bem?

— Sim. Estou — digo, tendo plena noção de que talvez eu desmaie.

Hesito por alguns segundos, então deslizo uma pilha simples de páginas brancas grampeadas para o outro lado da mesa, nada tão elaborado ou bonito ou profissionalmente encadernado quanto alguém esperaria para um plano tão abrangente. Apenas fatos. Os dados não mentem, né?

David não está com pressa, e lê cada página devagar. O Rolex dourado em seu pulso esquerdo pareceria espalhafatoso e ridículo em quase todo mundo, mas combina com ele; é como se seu corpo tivesse se adaptado ao relógio.

Ele faz uma pausa na página quatro, com o título LISTA DE DESLIGAMENTOS em negrito, seguido por duas colunas com 42 nomes. Então espia por cima dos óculos como se as lentes tivessem revelado o nome errado. Uma expressão confusa contorce seus traços.

— Isto é algum tipo de brincadeira?

Há dois dias, na quarta-feira, 8 de dezembro de 2010, recebi uma ligação de David McMurry.

— Parte do orçamento do próximo ano — falou ele em orações cortadas, uma série de tiques verbais fora de ritmo pontuados por pausas aleatórias. — Oito lojas. 42 pessoas. Q1. Preciso de um plano em duas semanas.

Eu tinha levado anos para conseguir decifrar seu dialeto quebrado, nervoso, então entendia o que ele dizia sem precisar de maiores esclarecimentos. Tradução: meu chefe me deu duas semanas para montar um plano para fechar quatro lojas e desligar 42 pessoas durante o primeiro trimestre. A logística para esse tipo de coisa é um pesadelo — uma fossa sórdida de estatísticas, gráficos mostrando os efeitos em CapEx e OpEx, hierarquias de funcionários, tudo salpicado com montes de especulação pessoal —, mas essa não era a primeira vez que eu entrava naquela dança. Eu tinha passado por períodos de corte antes, sendo o vilão do lado corporativo da mesa, o homem que informa os funcionários, um por um, de que a carga horária deles diminuiu, desapareceu ou foi terceirizada. "Não é nada pessoal", falei muitas vezes, em um tom ensaiado para imitar empatia, "só precisamos suprir as necessidades da empresa". Nunca foi uma coisa agradável, mas eu sabia o que fazer. Eram só negócios.

Quando cheguei em casa na noite de quarta, já fazia muitas horas que estava escuro. Com as cortinas fechadas e o laptop aberto, comecei a pesquisar os fatos e os números para o meu plano de negócios nada pessoal. Mas, conforme eu fazia o planejamento, comparando os funcionários para ver quem era mais dispensável, alguma coisa parecia diferente. Algo havia mudado. O ato de desligar funcionários — de sentar com eles, rever a papelada necessária, pedir ao segurança que os acompanhasse até o lado de fora do prédio — nunca tinha sido fácil, mas os dados não mudavam e não mudavam e não mudavam. As informações deveriam ser simples, objetivas — a Verdade. Mas não eram. Não, os números podiam ser manipulados e só mostravam uma parte da imagem real. Era como pintar um pôr do sol em preto e branco, não dava certo. Aquelas eram pessoas de verdade, com vidas de verdade, homens e mulheres com famílias e hipotecas e bocas para alimentar. E eu, de algum jeito, ia classificá-los numa porra de planilha?

Sim, alguma coisa tinha mudado. No fim das contas, essa coisa era... era eu. Eu não engolia mais as justificativas, os mantras mentirosos, para confundir pessoas com estatísticas. Eu estava cansado das supostas *necessidades* da empresa. Nada daquilo estava de acordo com os meus valores e com a pessoa que eu era agora. Então, deixei os dados mostrarem o que tinham para mostrar, escolhendo oito lojas para serem fechadas, quais funcionários cortar. E na página quatro, acima dos meus 41 colegas de trabalho, digitei um último nome no topo da lista:

1. Millburn, Joshua F.

Um mês antes, durante sua festa do encaixotamento, eu tinha dito a Ryan que ficaria na empresa por mais uns cinco anos, veria como iriam as coisas, sabe, aguentaria firme no mundo corporativo e talvez fizesse um pé de meia e tal. Mas por que esperar mais cinco anos? Eu completaria 30 em poucos meses, e a ideia de desperdiçar metade da próxima década na mesma coisa com que joguei fora toda a década anterior não parecia apenas terrível, era uma idiotice. Essa sensação de estupidez imensa — tipo o desgosto que um homem mais sábio sentia por sua versão mais jovem — provavelmente foi o mais perto que cheguei de ter uma epifania ou uma experiência quase religiosa fora do corpo, apesar de eu não classificá-la como nada disso. Prefiro chamá-la de *clareza*. Pela primeira vez em muito tempo, as coisas estão claras — mais claras do que nunca. Eu estava correndo com todas as forças em uma direção, perseguindo essa coisa abstrata chamada felicidade, mas ia na direção errada. Eu seguia em disparada para o leste, procurando pelo pôr do sol, enquanto tudo que realmente precisava fazer era dar meia-volta e andar — não correr, só andar — na direção oposta.

Ryan estava preocupado com a minha segurança. Quer dizer, com essa coisa que chamamos de "segurança no emprego", um conceito que nos enlouquece de estresse. É o motivo pelo qual as pessoas se jogam de edifícios quando são demitidas. A questão não é que elas não tenham medo de se jogar — o ato em si continua sendo apavorante —, mas que existe mais segurança na morte do que em enfrentar o mundo real e sua infinidade de incertezas.

E, assim, tendemos a nos apegar a coisas — empregos, relacionamentos, posses materiais — em uma tentativa de nos sentirmos seguros. Mas muitas das coisas às quais nos agarramos em busca de segurança acabam sugando a alegria da nossa vida, nos deixando insatisfeitos e sobrecarregados.

Nós permanecemos em empregos de que não gostamos porque acreditamos que um salário traz segurança. Nós mantemos relacionamentos de merda porque acreditamos que não estar sozinho traz segurança. Nós nos apegamos a coisas de que não precisamos *só pra garantir* que elas estarão lá caso sejam necessárias em algum momento de um futuro não existente, mais seguro. Se essas parafernálias enchem nossa vida de insatisfação, elas não são seguras. Na verdade, é o oposto disso. Insatisfação é incerteza. E incerteza é insegurança. Assim, se você não está feliz com a sua situação, não importa quão confortável ela seja, nunca vai se sentir seguro.

Por 12 anos, eu cegamente abracei a segurança ostensiva da minha carreira de prestígio e todas as armadilhas frias da nossa cultura de consumo entrópica. A casa excessivamente grande. O salário estável. As posses materiais que me distraíam. Comprei todas as compras, acumulei todos os acúmulos e conquistei todas as conquistas que deveriam me fazer sentir seguro.

Então por que eu não sentia essa segurança de verdade? Por que eu estava atordoado com insatisfação, estresse e depressão? Porque eu tinha mais a perder. Construí paredes bem decoradas que morria de medo de derrubar, e me tornei prisioneiro do meu consumo. Meu estilo de vida, equipado com uma lista de desejos inquestionáveis, me ancorava aos fardos criados por mim mesmo. Eu achava que sabia o que queria, mas não sabia por que queria aquelas coisas.

No fim das contas, meu salário me fazia sentir *menos* seguro, com medo de perder a renda com que tinha me acostumado e o estilo de vida que cegamente almejava.[44] E minhas posses materiais expunham inúmeras pontadas de insegurança, me deixando com medo de perder propriedades pessoais ou de alguém tirá-las de mim. Então eu me agarrava com ainda mais força a esses escudos. Mas escudos não garantem nossa segurança. As pessoas se agarram a eles porque existe um medo mais profundo em torno de uma realidade insatisfeita; existe outra coisa que tememos. O medo da perda. Nós temos medo de perder amor, respeito ou conforto.

É esse medo que nos mantém agarrados à mediocridade.[45] Nós estamos dispostos a abrir mão de crescimento, propósito e significado em nossa vida só para permanecer com aquilo que nos distrai, o tempo todo procurando por segurança nos lugares errados, erroneamente nos programando para acreditar que existe uma certeza estranha dentro da incerteza.

Contudo, quanto mais acumulamos — quanto mais precisamos do nosso estoque de coisas —, mais incertos nos sentimos. A necessidade por mais sempre levará à mortalha da incerteza e da insegurança. A vida não foi feita para ser completamente segura. A segurança real, no entanto, é encontrada dentro de nós, no desenvolvimento pessoal consistente, não na confiança em fatores externos. Quando deixamos de lado nossos requisitos exteriores por coisas que nunca vão nos trazer segurança de verdade — um salário generoso, um relacionamento sexual passageiro, um apetrecho novo bonito —, conseguimos orientar nosso foco para o que acontece dentro de nós, parando de cultuar os objetos ao nosso redor.

Claro, todos precisam de um nível específico de segurança externa para funcionar: comida, água, abrigo, roupas, saúde, segurança pessoal, relacionamentos positivos. Mas, se nos livrarmos daquilo que é supérfluo, podemos encontrar uma segurança infinita dentro de nós mesmos. Com ou sem escudos, estaremos completamente seguros quando estivermos sozinhos em um cômodo vazio.

Mas então existe a ideia de fazer algo significativo com a minha vida. Algo que eu amo. Apesar de ser uma noção codificada com expressões de grande importância — declarações sobre "seguir seu coração", "fazer aquilo que você nasceu para fazer" ou "abraçar sua vocação verdadeira" —, eu simplesmente me refiro a ela como encontrar minha *missão* de vida.

Quero dizer, eu acredito que todo mundo tem uma missão na vida. Mas não aquela bobagem sentimental propagada por livros rasos de autoajuda. Sabe, fala sério, acho que nenhum de nós "nasceu para fazer" algo específico. Ninguém veio ao mundo com uma missão preexistente. Você *não precisa* fazer uma única coisa pelo resto da vida.

E, mesmo assim, essa ideia de missão inata se propaga pela nossa sociedade, especificamente pela internet, como se cada pessoa tivesse uma vocação predeterminada que deve seguir, como se a evolução, a seleção natural ou qualquer coisa assim tivesse passado milhares de anos conspirando e se transformando para você poder se tornar escritor, instrutor de yoga ou astronauta.

Mas a vida não contém esse tipo de resposta absoluta. Ninguém tem um destino previamente decretado; ninguém tem uma missão preexistente específica que deve ser descoberta. Verdade seja dita, existem dúzias — talvez centenas de coisas — que nós *podemos* fazer com a nossa vida, trabalhos que nos trariam felicidade e que amaríamos. Sendo assim, acho que "siga o seu coração" é um conselho ruim.

Contudo, a pergunta que vale a pena ser considerada é esta: *Qual é a minha missão?* Muitos passam pela vida trabalhando em um emprego, ou pior, em uma carreira. Nós nos acostumamos com um estilo de vida específico, que envolve gastar demais, fazer dívidas e gastar com compras consumistas — nossa versão personalizada do "sonho americano". Então ficamos presos no mundo corporativo, e, quando vemos, crescemos tanto lá dentro que é impossível voltar atrás, indo tão alto que até *olhar* para baixo é uma ideia assustadora. Então continuamos seguindo em frente, para cima e avante, sem nunca nos questionarmos sobre as coisas importantes.

Isso não quer dizer que existe algo errado em ter um emprego; todo mundo precisa pagar a conta de luz. No entanto, quando nos afastamos demais de uma vida com propósito (saindo do caminho como eu fiz) — e paramos de fazer perguntas importantes (idem) —, deixamos de nos sentir realizados.

Assim como a paixão, a missão de alguém não é predeterminada. E nem sempre é fácil encontrá-la ou segui-la. Para mim, isso significa dar uma chance à ideia de ser escritor — terminar meu livro e encontrar uma forma de colocá-lo no mundo. Acho que, quando você encontra uma coisa — qualquer coisa — que ama fazer e a torna sua missão de vida, seu trabalho lhe trará grande alegria e recompensas. Caso contrário, você simplesmente estará ganhando um salário.

No fim das contas, acredito que qualquer um pode amar praticamente qualquer coisa, contanto que ela se alinhe com os seus valores e crenças. Todos somos diferentes; nem preciso dizer isso. Então, só porque algo parece banal ou chato para uma pessoa, não significa que não pareça divertido e recompensador para outra. É perfeitamente plausível pensar que alguém pode ser profundamente apaixonado por contabilidade da mesma forma que outra pessoa ama, sei lá, andar a cavalo — nenhuma dessas opções me parece interessante, mas isso não significa que não exista alguém apaixonado pelas duas coisas.

Às vezes, as pessoas encontram uma profissão que as satisfaz completamente. Mas *encontrar*, que implica descobrir por acaso, provavelmente é a palavra errada. Aqueles que ganham a vida fazendo o que amam tendem a se referir ao trabalho como sua missão. Não seu emprego, não sua carreira — sua missão. Que, como eu já disse, é cultivada após muitas horas de dedicação, sem jamais acontecer por acaso.[46]

Eu mesmo passei boa parte dos últimos dois anos cultivando minha paixão pela escrita, melhorando muito este ano, enfrentando as partes chatas.

O melhor conselho que recebi sobre escrever bem veio de um dos meus autores de ficção favoritos, Donald Ray Pollock, um escritor da geração *baby boomer* nascido em Knockemstiff,* Ohio. (Sim, sério — Knockemstiff é um lugar real, uma cidadezinha difícil no meio de um vale, nomeada em homenagem à primeira briga de bar que ocorreu lá.) No ano passado, quando passei a me obrigar a levar a escrita mais a sério, convidei Don para um almoço, com a finalidade de trocarmos uma ideia. Meu casamento tinha acabado de terminar, e eu estava atrás de formas de sair do buraco.

Em um restaurante tailandês minúsculo em Chillicothe, Ohio, Don me apresentou à sua filosofia zen-rural de operário:

— Existe um segredo que melhorou minha escrita mais do que qualquer outra coisa.

Ele falava devagar, com uma versão mais pesada do nosso ritmo interiorano do meio-oeste dos Estados Unidos. Seu sotaque não o faz parecer ignorante, mas o oposto: é um tom brusco, trabalhador, sagaz.

Eu estava literalmente sentado na beira da cadeira, como uma criança que espera por um truque de mágica.

— É tão fácil que parece até besteira comentar. Mas a verdade é que, bem, me ajudou muito.

---

* "Acaba com eles", em tradução livre. [*N. da T.*]

— Não é uma dessas besteiras espirituais tipo a lei da atração, é? — perguntei, acidentalmente copiando seu dialeto contagiante, tentando quebrar a tensão com uma piada sem graça, dita no momento errado.

— Não. — Ele deu um sorriso educado. — E também não é nada que você precise passar anos aprendendo.

Com as orelhas em alerta, fiquei esperando para aceitar seu conselho sábio ou dispensá-lo como papo furado de escritor.

— Meu segredo é o seguinte: sento numa cadeira por duas horas, todos os dias.

— Você senta numa cadeira?

— Pois é. Mesmo que você não escreva, ora, mesmo que você não queira escrever, passe duas horas com a bunda na cadeira, todo dia. Com o tempo, as palavras vão aparecer.

Concordei com a cabeça, absorvendo aquilo, sem saber se suas palavras eram profundas ou apenas lenga-lenga, mas o ano seguinte me provaria que ele estava certo. Essas três palavras — sentar numa cadeira — acabaram se tornando uma máxima diária para mim, uma regra simples que com o tempo moldaria meu estilo de escrever.[47]

— E se certifique de não ter distrações. Só fique sentado na cadeira, sem internet, sem televisão, sem rádio, sem esses telefones idiotas e esses recados de texto — disse ele, querendo dizer *mensagens de texto*.[48] — Se você quer mesmo escrever, vai fazer isso.

— E o número de palavras? Você escreve uma quantidade certa de páginas todo dia?

— Ah, pelo amor de Deus, meu filho. Não se preocupe com essas merdas. Você só precisa sentar na cadeira todo dia, sem distrações.

Nossa comida chegou, fumegando sob as luzes fracas do restaurante. Nunca vi ninguém além de Don pedir um bife com batatas em um restaurante tailandês. Enquanto ele comia sua carne ao ponto e eu, meu curry massaman, Don me contou a inspiradora história da sua transformação, uma história semelhante às minhas aspirações — só que ele começou muito mais tarde do que eu.

— Por que você quis ser escritor? — perguntei.

— Sempre gostei muito de ler, a vida inteira. E, quando era adolescente, sonhava escrever, achava que seria um jeito legal de ganhar a vida, porque, sabe, eu era muito ingênuo na época. Achava que as pessoas ficavam ricas assim. Achava que ninguém mandava nos escritores, que eles podiam viver onde quisessem e tal. Mas a vida aconteceu.

— A vida aconteceu em Knockemstiff?

— É, na minha época de garoto, vamos ver, tenho 54 anos agora, então estamos falando dos anos 1960, início dos 1970, Knockemstiff era uma comunidade de verdade. A gente não precisava vir pra cidade.

Para Don, *cidade* significa Chillicothe, um município pequeno no sudoeste de Ohio com cerca de vinte mil habitantes.

— A gente tinha a mercearia, três bares e uma igreja. Basicamente tudo do que precisávamos. Mas nada disso existe agora, tirando a igreja, e o lugar é quase uma cidade fantasma hoje em dia, mas na época devia haver umas quinhentas pessoas morando em Knockemstiff, e metade delas fazia parte da minha família.

— Você começou a escrever quando era novo, então?

— Não, larguei a escola com 18 anos e comecei a trabalhar na indústria até arrumar um emprego muito bom na fábrica de papel — disse ele, se referindo à Mead, que passou décadas sendo a maior empregadora do sudoeste de Ohio. — Era um emprego sindicalizado, pagava bem. Então acho que a fantasia continuou na minha cabeça, mas nunca tive os recursos, a determinação ou qualquer coisa pra tentar realizá-la. Até meus 40 anos.

— O que mudou?

— Bom, acho que passei por uma crise de meia-idade quando fiz 45 anos.

— Eu também, só que a minha foi aos 28.

— Eu estava muito decepcionado com o que tinha feito com a minha vida — disse ele, ainda um pouco envergonhado. — Então me perguntei sobre o que eu quero fazer com o tempo que me resta neste mundo.

— A gente está vivendo ou morrendo, e não existe qualquer bônus por nos aproximarmos da morte — falei, sabendo muito bem que ainda não estava vivendo como queria. — Quer dizer que você resolveu se tornar escritor quando tinha quase 50 anos?

— Falei pra minha esposa que ia tentar escrever ficção. Na época, eu disse: "Querida, tenho 45 anos, vou tentar por uns cinco, e, se nada acontecer até eu chegar aos 50, vou poder parar e dizer que pelo menos tentei." Então, no fim desses cinco anos, eu tinha publicado uns quatro contos e também fui aprovado no mestrado da Universidade Estadual de Ohio, e precisei tomar uma decisão. Eu pediria demissão no meu emprego pra estudar ou continuaria na fábrica?

— O que você escolheu?

— Pedi demissão da fábrica aos 50 anos. Entrei na faculdade. Veja bem, não acho que ninguém precise de um mestrado pra aprender a escrever, mas isso deve ter me ajudado a terminar meu primeiro livro um ano mais rápido. Receber o feedback e participar de workshops com os contos ajudou muito, mas ninguém precisa de faculdade pra isso. Apesar de eu achar que não dá pra ensinar alguém a escrever bem, o feedback ajudou muito. Também aprendi a ser um leitor melhor enquanto estava lá, a ler vários tipos de autor.

— De quem eram os livros que você lia?

— De muita gente diferente. Quando resolvi tentar escrever um livro com 45 anos, eu não sabia o que fazer. Nem fazia ideia de como começar, e passei muito tempo usando uma máquina de escrever pra copiar as histórias dos outros.

— Também aprendi a digitar em uma máquina de escrever.

— É, era uma máquina velha da IBM, eu não tinha nem computador na época, e, sabe, ficava copiando um conto de Hemingway ou de John Cheever. Eu fazia de tudo um pouco, Richard Yates numa semana e Flannery O'Connor na outra.

— Achei *Knockemstiff* muito consistente e engraçado. É difícil acreditar que foi seu primeiro livro — falei depois de Don fazer uma pausa para comer seu bife. — Li algumas críticas focadas na miséria e violência, mas o tom não é triste; ele é quase alegre, exuberante. Parecia uma versão cômica da pobreza de uma cidadezinha. E o livro com certeza não é violento só por sensacionalismo; quando muito, ele transmite a realidade.

— Bom, esses críticos nunca devem ter ido ao vale.

Concordei com a cabeça, me dando conta de que a maioria dos críticos nunca tinha chegado perto deste mundo, completamente diferente do estilo de vida sulista sofisticado. As palavras de Don pareciam ter um duplo sentido que se aplicava a mim também: a vida pode ser uma merda, especialmente no vale, mas você não precisa continuar lá.

Você pode mudar. Até mesmo um cara que não terminou a escola — um operário do meio do nada — consegue mudar. A coleção de contos de Don virou um best-seller, assim como seu romance, *O mal nosso de cada dia*, e ele nunca mais voltou para a fábrica de papel.

David continua encarando o papel diante de si, cutucando meu nome com seu indicador grosso e perguntando sem parar:
— Isto é algum tipo de brincadeira?
O sol discreto do inverno é opacamente refletido pelo prédio diante da minha sala. O Rolex de David balança a cada batida; o papel emite um som de amassado sempre que recebe uma cutucada. Ele finalmente solta o plano e me encara por cima dos óculos, não olhando para *mim*, mas para o meu *interior*, para as profundezas das minhas intenções. Não sei por quê, seu olhar parece clínico, puro e seco, de alguma forma transmitindo choque e aprovação da minha perspicácia. O pior já passou. Não digo nada — a pergunta dele *era* retórica, não era? — e fico sentado do meu lado da mesa, me esforçando para não quebrar o contato visual enquanto tento parecer inexpressivo. E então minha expressão muda, meio que dou de ombros, como se dissesse: *Se eu não mudar agora... então quando?* Tento um olhar sério, apesar de que, sem espelho, não faço ideia do que está acontecendo com meu rosto agora. Até onde sei, minha aparência pode ser a de quem está prestes a ter um derrame. Mas, por dentro, a sensação é diferente, uma mistura estranha de medo, animação e alguma outra coisa. Algo sem nome, como se minha barriga estivesse oca, vazia, e não sei se é um vazio ruim ou um vazio bom. Se é um enjoo de estar passando mal ou a sensação meio enjoada que você sente depois de sair da montanha-russa mais emocionante da sua vida. Tudo que posso fazer é ficar sentado ali com esse sentimento.. e esperar.

PARTE DOIS || O que importa

8 || Uma vida com uma boa curadoria

Setembro de 2011

A tempestade de ontem à noite deve ter trazido isto, este céu limpo e azul, azul profundo, o mesmo azul de uma TV digital sem recepção esperando algum tipo de sinal, um céu vazio, a não ser pelo bando de melros bagunçando a atmosfera acima, voando do norte para o noroeste, bem acima das árvores, a temperatura subindo aos poucos com o sol da manhã, 8h33 para ser exato, cedo demais para o calor infernal do verão do meio-oeste dos Estados Unidos ter se assentado, mas tarde o suficiente para estar cercado de luz, um momento agradável e produtivo do dia, o sol subindo por detrás da parte oeste do Newcom Park, que, embora situado perto do centro de Dayton, a duas quadras das ruas Fifth e Patterson (uma das esquinas mais movimentadas da cidade), fica em uma vizinhança arborizada e calma, quieta mas não silenciosa, calma o bastante para que se ouça qualquer ruído, os pios emitidos por várias espécies de pássaros aninhados nas árvores, as folhas farfalhando levemente ao vento, um trem com seu apito grave ao longe, um carro lutando para dar a partida e enfim ganhando vida na rua em frente ao meu pequeno quarto e sala, a música de elevador da natureza, tudo distante o suficiente para que eu possa me exercitar aqui sem camisa e sem olhares estranhos, e então estou, de fato, pendurado na barra fixa sem camisa, contando, em grunhidos ininteligíveis, *19, 20, 21*, usando um short esportivo masculino preto sem logomarca e tênis cor de cimento recém-derramado, *23, 24, 25*, avançando em uma série de flexões de braço, o movimento do meu corpo deliberado, trabalhando em uma cadência, ofegando feroz e soltando uma babel controlada em meio aos aparelhos metálicos do parque, forçado a parar de me puxar em direção ao equipamento aos 26 e meio, falha muscular, exausto, desgastado, mas aquele tipo bom de desgaste, como nos sentimos quando mente e corpo sincronizam, coração e pensamentos pulsando no mesmo ritmo, no mesmo *continuum*, transcendendo a intenção, o barulho suave de folhas mortas sob as solas dos tênis quando me solto do metal frio, um caminho de tijolos bem à minha direita, onde faço séries de flexões e agachamentos nos intervalos da barra, aqui sozinho, desfrutando a solidão, só eu e uns gatos selvagens que espreitam de um beco ao norte do parque, protegidos do sol pela sombra de uma casa de tijolos dos anos 1860, tijolos esses que lamentavelmente foram pintados de vermelho-corpo-de-bombeiros, transeuntes ocasionais passando a pé e que, mesmo estando quase sempre desatentos e digitando em algum dispositivo portátil, hipnotizados pelo brilho de seus aparelhos, tornam a coisa de estar sem camisa um pouco estranha às vezes, não que isso seja esquisito de verdade em Dayton, porque não é, ao menos não em qualquer lugar a leste do Great Miami River e ao norte de Oakwood, onde o código de vestimenta para uns noventa por cento dos homens, barriga de cerveja ou não, consiste basicamente em calça jeans empoeirada, botas pesadas e nada de camisa, mas ainda assim fico um pouco tímido, talvez sem necessidade, já que pesava 110 quilos no meu zênite corpulento, o que, mesmo com 1,85 metro de altura, era um sobrepeso considerável para mim, todo gordura abdominal, peitos masculinos e feições pálidas e roliças, uma papada que era sempre piorada pelos limites impostos por gravatas e camisas sociais fechadas até o último botão, a pele dos bíceps marcada por estrias, estrias que continuam lá, desbotadas mas persistentes, um lembrete final de meus dias mais gordos e mais jovens, uma juventude barriguda, então, sim, faz um bom tempo que me sinto meio inseguro de tirar a camisa em público, como o menino gordo que usa uma camiseta para supostamente se proteger "do sol" na piscina coberta local, mesmo que todo mundo saiba que o teto de vidro fumê protege a todos de qualquer raio UV que possa queimar a pele, então é claro que, embora eu agora pese saudáveis 75 quilos e tenha mudado significativamente o tamanho e a forma do meu corpo desde que abracei toda essa coisa de minimalismo, alimentação saudável e exercício diário, alternando entre a academia e o parque e vários exercícios em casa, combinados com caminhadas aceleradas de oito a 16 quilômetros quase todo dia (quando o tempo permite, é claro), e agora consiga até ver o que acho que talvez sejam (ouso dizer) meus músculos abdominais onde antes havia um pneu reserva, mas, sim, ainda penso duas vezes antes de tirar a camisa em público, uma hesitação que me mantém preso ao passado, um passado do qual estou trabalhando duro para me desvencilhar, me distanciando da carreira e da identidade que vieram com ele, de todas as posses materiais às quais dei tanto significado por tanto tempo, de quase tudo que virou cotidiano ao longo de meus 20 e poucos anos de indulgência exagerada.[49]

Pois é, fiz 30 anos este ano enquanto a grama úmida escurecia e ficava verde-esmeralda e a primavera se transformava em verão, três décadas perdendo a cor no cenário da minha vida. Dizem que os 30 são os novos 20, mas, para ser sincero, estou feliz que isso não seja verdade. Estou feliz por enfrentar uma nova década, indo para a frente, não para trás. Meus 20 anos foram meus 20 anos, perdidos e involuídos, mas não foram em vão.

Nos fones, Nina Simone canta o refrão final de "Feeling Good". A porta do meu apartamento é grande e de um preto--azulado, a cor de um hematoma em cicatrização. Dentro, o ar-condicionado central murmura um som de barítono sombrio conforme o suor em meu rosto e pescoço esfria e seca assim que encontra o ar. O prédio é uma velha casa de tijolos de cerca de 1880, da Dayton pré-enchente, pintada de branco e transformada em três apartamentos, dos quais o meu é a unidade de setenta metros quadrados que ocupa metade do segundo andar. Por quinhentos dólares mensais, sinto como se estivesse escapando impune de algum tipo de crime do colarinho-branco. Aqui tem tudo de que preciso: uma cozinha com utensílios suficientes para promover uma reunião de seis pessoas, o que faço de tempos em tempos;[50] uma sala de estar/jantar com mesa e seis cadeiras, uma poltrona e algumas de minhas obras de arte favoritas decorando as paredes; um quarto com cama e cômoda, uma escrivaninha e cadeira; e, claro, um banheiro com tudo o que tem em um banheiro. As paredes são de tijolos originais, o piso é de madeira e o teto é alto o bastante para jogar basquete, caso eu me sinta inclinado a retomar esse esporte.[51]

Há, no entanto, certas coisas que meu apartamento não tem (ainda bem): uma torradeira (não como mais pão; em vez disso, opto por comida não processada); um micro-ondas (tendo a comer alimentos frescos que não precisam ser aquecidos e uso, em vez dele, o espremedor ou o liquidificador); uma televisão (parei de ver TV para que pudesse passar esse tempo criando); um sofá (do qual me livrei há pouco tempo, após perceber que não estava sendo usado depois que a televisão se foi); objetos decorativos demais [agora todas as minhas obras de arte são bem selecionadas e inquestionavelmente belas (para mim) e, em menor quantidade, elas se destacam mais, o que torna sua presença mais significativa e agradável]. Não possuo mais coisas que não acrescentam valor à minha vida de maneira consistente. Uso todas as minhas roupas, toda a minha louça, aproveito todas as minhas posses porque, intencionalmente, mantive aquelas que continuam a oferecer valor. Tudo o mais se foi. Mas somos todos diferentes, então o que acrescenta valor à minha vida pode ser muito distinto daquilo que acrescenta valor à vida de outra pessoa.

É o fim do verão. Após apresentar o plano de suicídio da minha carreira em dezembro passado, pediram que eu permanecesse durante a transição. Então meu último dia no mundo corporativo — o ponto sem volta — foi 28 de fevereiro de 2011.

Primeiro de março foi meu primeiro dia de liberdade, o que fez com que meu interior gritasse como William Wallace. Passei a maior parte deste ano desempregado, e mesmo assim não virei um sem-teto nem estou passando fome, continuo vivo. Mais feliz do que nunca, na verdade. No fim das contas, a felicidade combina comigo.

Confie em mim e na minha experiência pessoal — na minha evidência empírica, por assim dizer. Aos 30 anos, ganho menos do que aos 19. Apesar disso, nunca estive mais feliz. Minha felicidade vem das minhas experiências, meus relacionamentos, minha saúde — não da minha renda.

O minimalismo me ajudou a perceber que, se eu abrisse mão da necessidade de dinheiro para gastar e ajustasse meu estilo de vida para me concentrar na experiência, em vez de bens materiais, precisaria de muito menos dinheiro para ter uma vida plena. Contanto que eu ganhe o suficiente para minhas necessidades básicas — aluguel, contas da casa, refeições, seguro, poupança —, posso encontrar a felicidade de outras formas.

Talvez você já tenha ouvido a velha parábola sobre "queimar o navio", aquela em que os guerreiros chegam a uma ilha inimiga e põem fogo em seus navios, o que significa que são forçados a ficar lá e lutar; não têm alternativa. Não há como voltar atrás. Precisam guerrear e vencer ou morrer tentando.

De certa forma, foi isso que eu fiz quando resolvi virar as costas para minha carreira — queimei meu navio, o que foi aterrorizante no princípio. Mesmo que soubesse, no plano intelectual, que ficaria bem independentemente do que acontecesse, comecei a ter pensamentos irracionais, pensamentos baseados em emoções negativas e reacionárias, do tipo: *E se eu acabar falido?* e *Será que vou ficar sem teto?* e *E se eu não for bem-sucedido em seguir minha paixão?* e *E se eu estiver cometendo um tremendo erro?*

Veja bem, eu não tinha um plano grandioso em que todos os detalhes estivessem definidos e qualquer contingência fosse prevista. E com certeza não tinha um objetivo final. Em vez disso, eu sabia minha direção e sabia como começar a caminhar nela.

As pessoas têm muitas palavras inteligentes para descrever o que querem fazer: objetivo, alvo, plano, propósito, finalidade e, é claro, *meta*. Por sinal, eu era o Cara das Metas no mundo corporativo. Tinha metas financeiras, de saúde, de vendas, de férias, até metas de compra do consumidor. Tabelas com metas, acompanhando, medindo e reajustando meus planos de acordo com elas.

Hoje a vida é diferente; não tenho mais metas. Em vez de um alvo arbitrário, prefiro ter uma direção na qual viajo. Se você estiver procurando o nascer do sol, é importante ir para o leste. Para o pôr do sol, vá para o oeste.

Houve, no entanto, uma época em que as metas eram extremamente importantes: quando eu estava em um buraco e precisava sair dele. Para ser sincero, a maior parte das minhas metas era ridícula e, com frequência, irrelevante (por exemplo, objetivos de compra e acumulação), mas algumas delas ajudaram muito (como quitar dívidas e perder peso). Comparo essas últimas metas a escapar de uma cratera no meio do deserto. Quando eu estava gordo e afundado até o pescoço em dívidas, preso naquele buraco oval debaixo da terra, meu objetivo era escapar daquela bacia escaldante e encontrar a superfície. Isso porque, lá dentro, eu não conseguia nem imaginar um rumo; precisava apenas sair do buraco, e minhas metas me ajudaram a fazer isso.

Quando encontrei a superfície, elas não eram mais necessárias. Eu precisava simplesmente olhar em volta e escolher uma direção para onde viajar. A parte legal de escolher um rumo é que nunca sabemos o que vamos encontrar. Podemos ir para o oeste em busca das montanhas no horizonte, e, em vez disso, encontrar um lindo rio no caminho. Ou atravessar as dunas e vislumbrar um vilarejo a poucos quilômetros da cratera. Nunca sabemos o que há depois da curva.

Quando saí dos meus buracos, não precisei de metas para aproveitar a vida. Meus hábitos diários me ajudaram nisso. Além do mais, descobri que vagar por aí não é um problema. E daí se você se perder? De verdade, seria tão ruim assim? Quando saímos da cratera, precisamos simplesmente nos manter longe de outras crateras.

Não sou estoico. E com certeza não sou um ludita. Mas gosto de conduzir pequenos experimentos estoicos de vez em quando.[52] Desde que saí da Broadspan, no começo deste ano, venho testando meus limites.

Esses experimentos me tiram da minha zona de conforto, permitem que eu cresça e me forçam a compreender uma quantidade enorme de coisas sobre mim mesmo. O resultado foi que aprendi mais do que pensei ser possível — descobri meus limites, testei meus hábitos, expandi minha mente, confrontei minhas emoções mais sombrias.

A intenção, porém, não é me limitar. Minha jornada rumo a uma vida mais simples nunca teve a ver com privação. Em vez disso, eu me limito no curto prazo para que possa aprender mais sobre mim, sobre minha psique, e, enfim, identificar o que é significativo na minha vida.

Geralmente as mudanças permanecem depois do experimento; elas se transformam em hábitos empoderadores que dão mais significado à minha vida. Outras vezes isso não acontece, mas ainda assim ganho um entendimento mais profundo sobre mim mesmo.

Felizmente, tive a oportunidade de escrever sobre muitos desses experimentos; nos últimos tempos contei com um veículo para comunicar e expressar meus pensamentos e emoções e compartilhar minha perspectiva. Quatro dias depois que queimei meu navio, Ryan e eu acatamos o conselho que Colin tinha dado seis meses antes e, juntos (Ryan e eu), iniciamos um site, que batizamos de *TheMinimalists.com*.

Ryan, observando suas anotações da Festa do Empacotamento, percebeu duas coisas: (1) não somos loucos[53] e (2) essa história de minimalismo tem o potencial de oferecer valor não apenas a *nossa* vida, mas à vida de outros também. "Quem sabe", disse Ryan, "as pessoas encontrem valor em nossas jornadas separadas e visivelmente diferentes."

Na mesma época, com base nas minhas reflexões, aprendi sobre algo que chamo de *Transferência* — aproveitar suas habilidades atuais e transferi-las para novos empreendimentos. Há certas aptidões e paixões que eu tinha cultivado ao longo dos anos — escrever ficção e treinar funcionários —, e, se eu ajustasse levemente esses talentos, poderia combinar minhas habilidades para contribuir mais com meu pequeno canto do mundo.

Assim, juntos, movidos pela animação e pela cafeína, Ryan e eu escrevemos algumas dezenas de ensaios. Embora não tivéssemos ideia do que estávamos fazendo, conseguimos montar um site básico.[54] E até chamamos nosso amigo Adam, um fotógrafo amador de Cincinnati, para que não parecêssemos criminosos quando postássemos nossos retratos patéticos na internet. *Voilà! The Minimalists* nasceu em 14 de dezembro de 2010.

E lá estávamos nós, nossa história pendurada nos cabideiros da internet para o mundo todo ver... e julgar. Era ao mesmo tempo animador e aterrorizante.

Então, algo impressionante aconteceu: 52 pessoas visitaram nosso site no primeiro mês.[55] Cinquenta e duas! A princípio isso pode parecer inexpressivo, mas foi a primeira vez que alguém leu minhas palavras e não me enviou uma carta de rejeição. Por si só, a sensação quase me fez espumar de empolgação.

E aí outras coisas impressionantes aconteceram: 52 leitores se tornaram quinhentos, quinhentos viraram cinco mil e agora mais de cem mil pessoas aparecem para ler nossas palavras todo mês.

Não planejei isso. Eu achava que poderia me virar escrevendo ficção e trabalhando meio período até ter dinheiro suficiente para só escrever. Mas acontece que, quando agregamos valor à vida das pessoas, elas têm vontade de compartilhar a mensagem com os amigos e a família. Agregar valor é um instinto humano básico.

A impressão que se tem é a de que tudo aconteceu da noite para o dia, eu sei. Mas não foi assim. Não existe um segredo oculto — nem um truque fácil — a respeito do crescimento de *The Minimalists*. Olhando para trás, é até bem simples de dissecar — e se trata do oposto do que você talvez pense.

Hoje, tudo é supostamente mais fácil. O truque rápido é o novo preto. Está na moda. Todo mundo quer — o sucesso repentino, a fórmula secreta, a pílula mágica. O caminho de menor resistência é endêmico na nossa cultura atual. Todos queremos viralizar.

Mas *por quê*? Existe alguma razão para tentarmos criar o vídeo viral, o post altamente compartilhado, o tuíte retuitado? Ou somos apenas cães de Pavlov, babando sob comando por um pedaço de atenção?

Seja lá qual for o motivo, viralizar parece um sinal dos tempos. Todos estão atrás dos proféticos 15 minutos de pseudofama de Warhol, tentando atrair o máximo possível de olhos em sua direção. Passamos da Era da Informação e caímos de cara na Era da Comunicação Excessiva. No passado, queríamos que gostassem de nós; agora, só desejamos "likes".

Há mais de dez anos, fui arrastado para uma festa em um campus universitário, onde encontrei uma placa absurda pendurada em um banheiro no dormitório estudantil. Ela ordenava, em negrito, que todos os homens "Por favor, se masturbem em seus quartos!". Imagino que houvesse um problema com os caras batendo punheta no chuveiro.

Avance dez anos, e aquela placa é uma metáfora apropriada para a cultura masturbatória da internet atual. Muitos de nós ficamos tão presos à ideia de nos mostrarmos on-line que estamos dispostos a quase tudo para viralizar. Não é difícil ver isso; observe por um instante a sua linha do tempo no Facebook — *Ei, olhe para mim! Veja o que estou fazendo! Estou tão triste/feliz/ animado! Preste atenção em mim!* Multidões estão se unindo, gritando em meio ao derramamento infinito de barulho digital.

Quando nossos gritos não funcionam e o ruído se torna alto demais, recorremos a façanhas bobas e autoexibições obscenas: os vídeos de pessoas bêbadas, as postagens melodramáticas, as fotos sem-camisa-em-frente-ao-espelho, os anúncios pop-up e o desprezível marketing do faça-agora, os xingamentos supérfluos em fóruns (sem mencionar os comentários do YouTube). Sim, berrar alto o suficiente vai atrair montes de novos espectadores — não conseguimos nos poupar de diminuir a velocidade e espiar os destroços, mas nunca permanecemos no local tempo o bastante para observar a limpeza pós-acidente. Da mesma forma, a indecência pública de alguém — sua carta viral — pode atrair alguns olhares no começo. No entanto, quando todos tiverem evacuado a cena do acidente, o Sr. Viral se sentirá vazio e sozinho.

Por que eu teria vontade de viralizar? A palavra vem de "vírus". Da última vez que consultei um manual de medicina, um vírus era uma coisa ruim — uma infecção, uma doença, uma influência danosa ou corrompedora.

Talvez eu seja alérgico à pílula mágica, mas o sucesso que Ryan e eu alcançamos da noite para o dia não veio, hummm, da noite para o dia. Até onde eu sei, conteúdo viral não passa de uma frase de efeito bem executada, sem qualquer substância. Então, em vez de viralizar, eu me concentro em uma coisa: agregar valor. Essas duas palavras se infiltram o tempo todo nas minhas conversas diárias. Como hábito, antes de qualquer tuíte, de qualquer atualização de status, de qualquer texto que escrevo, eu me pergunto: *Estou acrescentando valor?*

Agregar valor com certeza não soa tão sexy quanto viralizar, mas é a única forma de ganhar aceitação no longo prazo e é uma das únicas maneiras de construir confiança. Quando confiam em você, as pessoas têm vontade de compartilhar sua mensagem com aqueles que amam. Contribuir é um instinto humano básico; fomos feitos para dividir valor.

Entendo que a ascensão aparentemente rápida que Ryan e eu (ou qualquer outra pessoa bem-sucedida) tivemos do anonimato pode *parecer* repentina — ao menos para quem olha do outro lado do retângulo luminoso. Mas o que você vê é apenas o resultado final. Antes de serem as atrações principais de festivais e lotarem estádios ao redor do mundo, seus astros do rock favoritos precisaram adquirir calos nos dedos. O que você percebe como sucesso repentino é, na realidade, o *depois* — depois do tédio das sucessivas falhas, depois da monotonia de escrever 12 horas por dia, depois de suar a camisa, depois de agregar valor a uma, duas, dez, centenas e então milhares de vidas. O que você vê é a culminância de anos de trabalho árduo e firme. Não há nada de repentino nisso.

Conforme nosso site foi crescendo, o surgimento dos meus experimentos pessoais acompanhou. Meu primeiro experimento chocou muitos dos meus amigos do meio-oeste dos Estados Unidos: dei fim à televisão. Por quê? Porque eu a assistia. Muito. Veja bem, eu meio que gosto de TV. É fácil de assistir. É passivo. É bem divertido às vezes. E não precisamos nos esforçar muito enquanto nos banhamos em seu brilho cálido.[56] Mas a caixa brilhante não emite qualquer recompensa. No fim das contas, o custo total da televisão é muito maior que o benefício.

Dinheiro. Uma televisão pode custar centenas ou até milhares de dólares. Além disso, há a conta mensal da TV a cabo. E o pay-per-view e a compra de filmes, muitos dos quais nem sequer vemos. E todos aqueles itens auxiliares que achamos que são necessários: o sistema de som, o aparelho blu-ray multidisc, sem falar nos games — essa é outra história, igualmente perturbadora.[57] Mas a televisão nos custa muito mais que dinheiro.

Tempo. Ver TV me roubava tempo — meu bem mais precioso. Mesmo com a internet, a pessoa média assiste a mais de cinco horas de televisão por dia. Imagine o que eu poderia criar com 35 horas adicionais de tempo livre por semana.

Atenção. Às vezes eu me enganava pensando que era "multitarefas" ao fazer outras coisas enquanto via TV — dobrar roupa, responder a e-mails, escrever uma história. No fundo, porém, sei que não sou capaz de me concentrar em várias atividades ao mesmo tempo sem reduzir drasticamente a qualidade do trabalho final.

Consciência. A consciência é o tipo mais precioso de liberdade. Deveríamos valorizá-la. Mas a televisão muitas vezes nos torna alheios ao mundo a nossa volta. E assim, de forma indireta, a TV sugava minha liberdade.

Relacionamentos. Quando assisto à TV sozinho, me afasto dos meus relacionamentos com os outros. A televisão pode erguer uma barricada que nos defende de tudo que não queremos manter longe: amor, conexão, intimidade, amizade.

Criatividade. Se passamos o tempo todo consumindo, não criamos. Assim, a TV tem a capacidade de roubar nossa criatividade.

Entretanto, não acho que todos precisem arremessar suas TVs pela janela para serem minimalistas. Não é isso. Mas sempre existem formas de usá-las de maneira mais consciente: por exemplo, Ryan cancelou a TV a cabo, livrou-se dos DVDs e games, mas manteve a televisão para assistir de vez em quando. Às vezes marco um horário para ver TV com outras pessoas; não o faço com frequência, mas, se quiser assistir a um programa ou filme, posso fazer isso na casa de alguém, e podemos debater depois. Esse jeito planejado de ver televisão é menos passivo e nos ajuda a construir e fortalecer relacionamentos, em vez de enfraquecê-los. Conheço outras pessoas que mantiveram uma TV em casa, mas a tiraram do quarto. Quero dizer, até onde sei, uma cama tem apenas dois propósitos, nenhum dos quais inclui ver reprises tarde da noite.

Em seguida, à medida que 2010 dava lugar a 2011, deparei com minha primeira resolução de Ano-Novo da vida: resolvi não adquirir qualquer posse material ao longo do ano.[58] Para ser sincero, sempre achei as resoluções de Ano-Novo meio idiotas, então não percebi como essa seria difícil. De fato, foi difícil — muito, muito difícil. Mas a dificuldade valeu a pena: em dois meses, a forma como eu pensava sobre bens de consumo mudou significativamente.

No início, sempre que via um estabelecimento comercial, com suas prateleiras enormes lotadas de produtos em oferta, eu pensava: *Ei, olha, aquilo parece legal, acho que vou levar.* Quero dizer, meu impulso natural era comprar. Acumular. Adquirir. Ter. Possuir. No entanto, depois de um tempo, fui forçado a encarar o fato de que não podia comprar aquelas coisas, lembrando-me de meu compromisso toda vez que isso acontecia.

Quando cheguei ao fim de abril, algo lindo tinha ocorrido: eu não queria mais comprar coisas novas. Sem querer, havia me reprogramado; todo o meu fluxo de pensamento em torno do consumo impulsivo mudara. Claro, o objetivo da minha resolução era provar que não precisava comprar objetos por um ano, mas descobri que, na verdade, era capaz de mudar *a mim mesmo* no processo. Depois de quatro meses, não queria mais adquirir coisas por impulso. O desejo infinito de consumir tinha desaparecido. Era — e ainda é — um sentimento fantástico.

Mas aí, depois de seis meses de experimento, aconteceu algo lamentável: derramei chá no meu computador. Não um pouquinho. Uma xícara inteira, no teclado. Já era. Felizmente, meu primeiro pensamento não foi *Acho que vou comprar outro computador.* Em vez disso, pensei: *Como posso encontrar uma forma de viver sem esse item?*

Passei as semanas seguintes sem computador. Escrevi ensaios a mão em blocos de notas. Escrevi a mão textos de ficção que pareciam os devaneios de um louco. Acessei a internet de bibliotecas, de casas de amigos, de qualquer lugar que não meu notebook encharcado de chá.[59]

Em certo momento, Ryan se ofereceu para me dar um notebook novo de presente de aniversário de 30 anos — oferta que recusei porque senti que estaria trapaceando. Então fui em frente, sem computador por mais várias semanas.

Depois de um mês, porém, percebi que era menos produtivo sem meu notebook. Estava escrevendo menos, não tinha tanto prazer em escrever e não gostava muito do que vinha escrevendo. Percebi que estava me privando de uma ferramenta essencial. Para mim, um computador era indispensável, por isso comprei um novo. Mas nunca voltei ao consumo impulsivo de antes. No fim das contas, acho que se pode dizer que minha resolução falhou. Mas foi uma falha linda, que não me dá qualquer sensação de ter falhado.

Aí, quando me mudei para este apartamento menor — no qual estou neste exato momento, depois de treinar —, percebi que não estava tão produtivo quanto gostaria, então resolvi passar trinta dias sem internet em casa, só para ver no que dava.

Acontece que matar a internet em casa foi a melhor decisão que já tomei no que diz respeito à produtividade.

Não mais capturado pela rede mundial de computadores no próprio lar. Como preciso *planejar* meu uso da internet, sou forçado a navegar de modo mais intencional. Se vejo algo que quero pesquisar, não posso ceder ao impulso; tenho que anotar e usar a lista durante momentos de conectividade. O que também significa que sou obrigado a sair de casa para acessar a internet. Assim, vou à biblioteca, ou a uma cafeteria, ou a outro lugar com wi-fi grátis, pego uma xícara de café ou chá e faço tudo que preciso fazer on-line (publicar textos, checar e-mail, ler blogs etc.). Porque estou fora de casa e há gente à minha volta, também tenho a oportunidade de conhecer pessoas; por acaso, fiz vários novos amigos desse jeito, o que é um bônus incrível.

Sei o que você está pensando, então me deixe tocar no assunto agora. Está pensando: *Mas você é escritor, Joshua, e foi por isso que fez sentido para você!* E também: *Preciso da internet para fazer o dever de casa/trabalhar/Netflix/namoro on-line/jogos on-line/atualizar meu Facebook/jogar Farmville/navegar pelo eBay em busca de tralha desnecessária/stalkear meu namorado dos tempos de escola/etc./etc.* Talvez seja verdade. Mas tem certeza? Porque pode ser que você não precise. O que aconteceria se você não tivesse internet em casa por um mês?[60]

Agora, quando estou na internet, existe um propósito — é uma ferramenta que uso para aprimorar minha vida. Claro, às vezes me conecto e assisto a vídeos engraçados ou passo tempo nas redes sociais, mas entro na internet com a intenção de fazer essas coisas bobas — eu me permito fazer uma pausa de vez em quando. Até minhas pausas são mais intencionais.

Quando decidi não ter internet em casa, eu o fiz principalmente para poder focar a escrita sem distrações. Mas encontrei vários benefícios adicionais: meu tempo em casa se tornou mais pacífico, um santuário pessoal. Meus pensamentos ficaram mais claros, menos fragmentados. E, talvez o mais importante, eu me flagro gastando meu tempo em atividades com mais significado: lendo, escrevendo, pensando, me exercitando, caminhando, encontrando amigos.

Como meu experimento de ficar sem internet foi mais fácil do que imaginava, comecei a me sentir corajoso e então pensei: *Por que não me livrar do celular por dois meses e ver o que acontece?*

Ficar sem telefone por qualquer período mais longo parece o equivalente moderno a um voto de silêncio. No entanto, quando resolvi dar sumiço no meu celular por sessenta dias como um experimento, apenas para ver se meu mundo continuaria girando, as pessoas se chocaram. Algumas ficaram horrorizadas. Outras se preocuparam de verdade comigo. O que leva a uma questão: *É necessário se desconectar da realidade para observar corretamente a realidade?* Vou me abster de referências gastas a *Matrix* sobre se desconectar da rede e dizer simplesmente que aprendi mais sobre mim mesmo do que pretendia. Não seria possível fazer isso sem me desconectar por um tempo, sem recuar um pouco e refletir de verdade sobre minha vida de forma deliberada e sem interrupções.

Aprendi...

Que temos expectativas estranhas. Percebi que precisava me livrar do celular por um tempo quando senti a pressão para responder a mensagens, e-mails e redes sociais ao longo do dia. Talvez você espere que alguém responda uma mensagem de texto dentro de uma hora; outra pessoa pode esperar uma resposta em dez minutos; outra pode esperar a resposta no mesmo dia. Essas expectativas são arbitrárias. Quando eliminei minha capacidade de reagir imediatamente, fui capaz de me libertar também das expectativas dos outros.

Que, sem a monotonia de conversas efêmeras por texto, minhas interações face a face se tornaram mais significativas. Passo mais tempo ouvindo, dando atenção completa às conversas do momento. Consequentemente, aproveito mais essas conversas.

Que as pessoas são, em geral, solidárias e compreensivas. Quando fazemos mudanças em nossa vida, muitas vezes temos medo do que vão pensar de nós. Será que vão achar que sou louco, burro ou fora da realidade? A verdade é que as pessoas são mais solidárias e compreensivas do que pensamos. Em especial aquelas que são mais próximas de nós. Ainda mais quando discutimos nossas mudanças com elas e explicamos que estamos fazendo essas modificações para que possamos viver mais felizes.

Que nos programamos de forma subconsciente. Sem que saibamos, nossas atividades diárias têm um impacto profundo em quem seremos no futuro. Eu costumava pegar meu telefone em intervalos de poucos minutos, não importava onde estivesse — até no banheiro. Mesmo quando o celular não estava comigo, eu tinha o impulso de pegá-lo. Chamo isso de Contração.

Que somos capazes de nos reprogramar. De modo parecido, somos capazes de modificar nossos padrões. Quando removemos um hábito de nossa vida, percebemos claramente como aquele hábito nos afetava. Isso vale para qualquer vício: fumar, comer em excesso etc. Levei 22 dias para reprogramar a Contração,

22 dias parando e percebendo por que estava me Contraindo. Após 22 dias, porém, não sentia mais o impulso de reagir imediatamente; não sentia mais a necessidade de me apaziguar com atividades transitórias como escrever mensagens de texto ou responder a e-mails durante qualquer momento "à toa".

Que "à toa" é o nome errado. Antigamente, os seres humanos tinham zonas intersticiais preciosas nas quais podiam encontrar um consolo momentâneo: aeroportos, filas de checkout, salas de espera e outros locais que eram santuários transitórios nos quais podíamos nos banhar em devaneios. Não é mais assim.[61] Agora, vejo todos com seus telefones nesses instantes valiosos. Estão tentando ser mais produtivos ou interativos, mas descobri que parar e pensar durante esses momentos é mais produtivo que mexer no meu celular.

Que o mundo segue em frente. Sem celular, sem internet, sem TV, o mundo continua girando.

Que é possível testar qualquer coisa por um período curto e ver se funciona para você.

Que não é difícil abrir mão de qualquer coisa quando se vive no mundo real.

Que, honestamente, não houve uma vez sequer em que eu *precisasse* de verdade do celular nos dois meses que passei sem ele. Claro, em alguns momentos foi inconveniente, às vezes precisei lutar contra a frustração, mas foi um preço baixo a pagar para reprogramar a Contração. Sim, voltarei a usar o telefone por motivos práticos — GPS, telefonemas necessários, o aplicativo de dicionário, do qual senti muita saudade —, mas vou utilizá-lo de um jeito diferente daqui para a frente. Não vou mais usá-lo para verificar os e-mails; não vou mais mandar mensagens de texto enquanto dirijo ou uso o banheiro; e não vou mais me apoiar nele como meu principal meio de interagir com o mundo ao redor. Meu uso será mais intencional que antes; o celular será uma ferramenta, não um apêndice.

Em meio a todo o crescimento por meio da experimentação, por meio de todas as investigações pessoais, decidi que mais uma coisa precisava ser eliminada: em junho de 2011, resolvi me livrar de todas as minhas (pasme!) metas.

O mantra corporativo de acordo com o qual eu tinha vivido por mais de dez anos era *Não se pode gerir o que não é medido*. Parece bom, mas o problema com essa frase de efeito é que ela é uma farsa completa. Nós medíamos *tudo* na Broadspan. Havia 29 métricas pelas quais eu era responsável todo dia (mesmo nos fins de semana). Existiam relatórios matinais, atualizações às três da tarde, atualizações às seis e relatórios no fim do dia. Basta dizer que eu era consumido por números. Pensava e sonhava com tabelas.

Mas então percebi uma coisa: nada daquilo importava de verdade. As metas nunca eram tão poderosas quanto as motivações internas de cada um. Sabe, as pessoas trabalham duro por duas razões: inspiração externa ou motivação interna. Às vezes é uma combinação dos dois fatores. Sim, alguns indivíduos podem se inspirar momentaneamente pelo alcance de objetivos, mas esse tipo de inspiração não perdura para além da meta em si.

Por outro lado, a motivação intrínseca — como o desejo de crescer ou contribuir — continua bem depois que o objetivo é alcançado. A inspiração externa pode ser o gatilho, mas a motivação interna é o que abastece o desejo de alguém. Portanto, ao descobrir sua verdadeira motivação, você não precisa de uma meta arbitrária.

Assim, vivi os últimos cem dias sem objetivos.

Quando tive a oportunidade de encontrar Leo Babauta há quatro meses, durante uma viagem a São Francisco, ele disse que havia três coisas que mudaram sua vida de forma significativa: estabelecer hábitos de que gostava, simplificar a vida e viver sem metas.

Eu já estava vivendo os dois primeiros: tinha estabelecido hábitos prazerosos e simplificado minha vida. Mas achava difícil entender essa história de "sem metas". A ideia de viver sem objetivos me soava insana — era contraintuitiva, assustadora, ia na contramão de quase tudo que eu aprendera sobre produtividade.

Precisava de um jeito de largar minhas metas de repente, então fiz duas coisas após conversar com Leo:

Primeiro me perguntei: *Por que tenho essas metas?* Eu tinha objetivos para saber se estava "alcançando" o que "deveria". Se atingisse uma meta, tinha permissão para ser feliz — certo? Então, pensei: *Espere um pouco. Por que preciso chegar a um resultado específico de acordo com um alvo arbitrário para ser feliz? Por que não me permito simplesmente ser feliz agora?*

Em segundo lugar, resolvi viver sem objetivos por um tempo. Não sabia quanto, porque não fiz disso uma meta. Pensei em tentar por cerca de um mês, talvez um pouco mais, para ver o que acontecia. Se isso me afetasse de forma negativa, poderia voltar a meu regime rígido de "conquistar" e "produzir resultados", com minhas tabelas codificadas por cores e lotadas de objetivos.[62]

Mas não precisei voltar atrás, porque me libertar das metas mudou minha vida pelo menos de três maneiras.

Em primeiro lugar, estou menos estressado. Gente que me conhece há anos comenta que estou calmo. Vivendo sem objetivos, dizem que sou uma pessoa claramente diferente — alguém melhor.

Segundo, estou mais produtivo. Não esperava maior produtividade na minha vida pós-metas. Aliás, eu achava que me livrar delas significaria sacrificar resultados e produtividade. Mas ocorreu o oposto. Deixei de lado a ideia de produtividade e, como consequência, fiquei mais produtivo: escrevi meus melhores textos de ficção. Vi o número de leitores de nosso site aumentar de modo substancial. Conheci pessoas excepcionais. E fui capaz de contribuir com os outros como nunca. Os últimos cem dias foram os mais produtivos que já vivi.

Em terceiro lugar, estou mais feliz. Ao longo de meus 30 anos neste planeta, nunca senti esse tipo de contentamento intenso. Com a diminuição do estresse e o aumento da produtividade, consigo aproveitar a vida; sou capaz de viver o momento sem planejar constantemente minha próxima conquista.

Durante esse experimento de não ter metas, três bons argumentos contra o estilo de vida sem objetivos me foram apresentados, e gostaria de falar sobre cada um deles:

Autocomplacência: uma vida sem metas não o torna complacente? Bem, se com "complacente" você quer dizer "contente", então, sim. Mas fora isso, não. Na verdade, aconteceu o contrário: depois de eliminar o estresse da minha vida, eu me dediquei a novas atividades animadoras que provavelmente não teria testado sob o regime de metas.

Crescimento: uma vida sem metas não o impede de crescer? Não. Cresci de maneira considerável nos últimos cem dias. Cheguei à melhor forma física que já tive, fortaleci meus relacionamentos pessoais, estabeleci novas relações e escrevi como nunca. Cresci mais que em qualquer outro período de cem dias.

Você ainda tem metas. Você diz que não tem qualquer meta, mas será que ainda não existem alguns objetivos, como terminar seu novo romance ou "ser feliz" ou "viver o momento"? É importante fazer uma distinção aqui: sim, quero "ser feliz" e "viver o momento" e "ter uma vida saudável", mas essas são escolhas, não metas. Escolho ser feliz. Escolho viver o momento. Escolho ter uma vida saudável. Não preciso medir esses eventos; simplesmente vivo assim. Quanto ao romance que estou escrevendo, pretendo terminá-lo. Nunca trabalhei tão duro em algo, mas estou gostando do processo de escrita e, se nunca finalizá-lo, tudo bem também. Não estou mais estressado com isso.

Viver sem metas mudou minha vida, acrescentando camadas de felicidade que não sabia serem possíveis. Não vejo qualquer motivo para voltar a uma vida guiada por objetivos. Nada mais de metas para mim. Minha vida é melhor sem elas.

Sem objetivos, sem TV, sem internet e sem celular, abracei há pouco tempo outro experimento: exercícios minimalistas. Descobri que não há dinheiro que me compre hábitos melhores; nenhum plano em uma academia chique me deixará em forma; nenhum equipamento caro fará com que me exercite mais. Então, eu treino apenas 18 minutos por dia, alternando entre flexões no chão, flexões na barra e agachamentos, até ficar exausto.

Assim como a escrita, precisei deixar minha saúde de lado por muito tempo. Há alguns anos, eu era o cara bem-sucedido de terno e gravata que não conseguia fazer uma única flexão.

Caramba, eu não me exercitava. Ou, quando o fazia, era esporádico; nunca levava mais que alguns dias para desistir. Mesmo após perder mais de trinta quilos — o que foi quase completamente devido a minha dieta[63] —, eu continuava com um condicionamento físico péssimo. Aos 28 anos, eu era molenga, flácido e fraco. Não mais.

Aos 30, estou na minha melhor forma. Sei que isso é estranho de se dizer — mas é a verdade. Estou em boa forma porque encontrei maneiras de gostar de me exercitar; descobri modos de tornar os exercícios uma recompensa diária, em vez de uma tarefa temida e entediante.

O que mudou? Só pratico exercícios de que gosto. Por exemplo, não gosto de correr, então não corro. Tentei por seis meses e descobri que não era para mim. Se me vir correndo, chame a polícia, porque tem alguém me perseguindo.[64] Em vez disso, encontro outras maneiras de praticar exercício aeróbico: caminho ou faço movimentos com o peso do próprio corpo que incorporam o aspecto aeróbico.

Embora goste de me exercitar principalmente de manhã, adoro ir ao parque à noite quando me sinto tenso. Treinar no fim de um dia longo e estressante me oferece um tempo sozinho para refletir sobre o que importa.

Além disso, a variedade mantém o caráter de novidade dos treinos. Quando comecei a me exercitar, costumava ir à academia três vezes por semana, o que sem dúvida era melhor do que não fazer nenhuma atividade física. Depois, conforme fui levando isso mais a sério, comecei a ir à academia todo dia, o que tomava muito tempo. Além do mais, fazer a mesma coisa repetidas vezes acabou me conduzindo a um platô. Hoje, costumo variar: caminho todo dia e ainda vou à academia de vez em quando, mas o que fez a diferença mais notável foi a variedade dos meus 18 minutos diários.

Sim, eu sei, 18 minutos parece um número arbitrário — porque de fato é. Quando comecei meus exercícios de peso corporal, não tinha um intervalo de tempo específico em mente. Mas me cronometrei por uma semana e descobri que, quase toda vez que ia ao parque para treinar, ficava esgotado em 18 minutos.

Não tenho um treino ou um plano específico, faço apenas uma pausa de trinta segundos entre cada exercício. Após 18 minutos, fico exaurido. Todas as tarefas tediosas normalmente associadas a se exercitar — dirigir até a academia, esperar para usar os aparelhos etc. — foram eliminadas. Agora, com todos os obstáculos fora do caminho, fazer exercícios é empolgante. E não tenho mais desculpas. Todo mundo tem 18 minutos no dia para focar a própria saúde, não é mesmo?

A cada experimento, senti como se estivesse reprogramando uma Contração introjetada muito tempo antes. Adição pela subtração. Ao me livrar de minhas expectativas, minhas ações automatizadas, meus conceitos errados, transformei a mim mesmo. Descobri que o crescimento ocorre mais rápido quando entro em minha zona de desconforto.

Dito isso, não faço aquilo de que não gosto, mas faço muitas coisas que me forçam a sentir desconforto. Caso não goste de qualquer atividade, encontro um jeito de eliminá-la da minha rotina. Mas também me ponho em situações desconfortáveis que me ajudam a crescer.

A diferença, então, tem a ver com o tempo. Quando algo é novo e desconhecido, é, por definição, não natural, desconfortável. Ao longo do tempo, porém, não sigo aguentando tarefas que não são prazerosas. Mesmo com atividades aparentemente mundanas, como dobrar roupa ou limpar a casa, descubro uma forma de aproveitá-las (dobrar roupa é, na verdade, uma espécie de meditação para mim) ou, se desgostar delas por completo, contrato alguém para executá-las por mim enquanto vou fazer algo novo. A vida é muito curta para fazer aquilo de que não gostamos.

Até agora, escrevi por três, talvez quatro horas nesta manhã. Em seguida, leio por meia hora, depois faço a série de exercícios simples que terminei nesse instante. No entanto, não tenho uma rotina diária; não preciso mais disso. Tenho, contudo, hábitos nos quais me concentro todo dia. Não me entenda mal, eu tinha uma rotina. Na verdade, a maior parte de minha vida adulta foi atormentada pela repetição. E eu odiava aquela rotina. Todo dia parecia o Dia da Marmota: acordar com o despertador berrando, tomar banho, fazer a barba, vestir terno e gravata, passar uma hora ou mais em um trânsito de entorpecer, sucumbir às armadilhas diárias de e-mails, telefonemas, mensagens e reuniões, voltar para casa em um trânsito ainda mais entorpecente, comer um jantar congelado, buscar uma fuga na caixa luminosa na sala de estar, escovar os dentes, programar o despertador, dormir por cinco ou seis horas, começar tudo de novo antes do nascer do sol.[65]

Essa era a vida na maior parte dos dias. A mesma coisa, de novo e de novo. E então, ano passado, quando decidi que isso não era mais para mim, cancelei minha rotina. Ou melhor, troquei minha rotina por hábitos melhores.

Assim, não são nem nove horas e já fiz muito hoje, e ainda há um dia inteiro pela frente. Meu segredo? Não faço muita coisa. É sério. Sim, parece que faço muito, mas não. Meus experimentos me permitiram desenvolver hábitos que me dão prazer, ao mesmo tempo que limitam minhas distrações.

Para explicar de forma simples: sou mais produtivo fazendo menos. Em vez dos clichês de produtividade sobre planejamento e agendamento, tentando forçar a produção, realizo mais ao me concentrar primeiro no que é importante, dedicando-me a tarefas que realmente interessam, mergulhando em prioridades reais em vez de me envolver em inatividade fluida.

Em geral, isso significa fazer coisas mais difíceis do que eu gostaria. Para mim, escrever é difícil, fazer atividade física é árduo, nem mesmo ler é passivo. Praticamente tudo que importa — tudo que vale a pena realizar — exige uma boa dose de esforço. Mas é claro que aí habita toda a recompensa.

Do mesmo modo, as tarefas passivas — Facebook, e-mails, televisão etc. — são fáceis. E são ótimas em pequenas doses (é provável que eu verifique meu e-mail por meia hora hoje ou amanhã, e com certeza passarei alguns minutos no Twitter). Mas não há uma grande recompensa pela passividade, apenas dor e arrependimento e um vazio que é difícil descrever.

Mais tarde, vou caminhar oito ou 16 quilômetros, vagando pelas ruas de Dayton (outra forma de meditação, contemplação combinada com atividade física); vou encontrar Ryan para discutir um ensaio no qual estamos trabalhando; e vou passar um tempo focado em jantar e conversar com minha namorada, Colleen, que conheci este ano. Ela vai me observar, pensativa, o cabelo cacheado emoldurando seu lindo rosto, e vai me perguntar sobre meu dia; vou devolver a pergunta e escutar. Escutar de verdade. Prestando atenção. Vou estar lá com ela. Apenas *estar*.

Hoje, minha vida é preenchida por essas atividades *ativas*, que me demandam mais esforço que a TV, embora tenham recompensas exponencialmente maiores.

Ryan está atrasado de novo.[66] "Please Forgive Me", de David Gray, toca baixinho no rádio do meu apartamento. Lá fora, a lua do começo da noite parece ter sido mordida. Vejo Ryan correr até minha porta com a concentração de alguém que deveria estar tomando remédios para TDAH. Tenho um compromisso com minha namorada em menos de noventa minutos. Ryan está ao telefone e, antes de chegar à minha porta, volta correndo até o carro para pegar algo que esqueceu.

Esta noite, marcamos de pôr o papo em dia durante uma hora, acompanhados de chá e páginas em branco. Agora ele está voltando apressado até meu apartamento. Pela janela, observo Ryan desligar o telefone e abro a porta antes que tenha tempo de bater. Daqui a uma semana, ele vai receber a notícia de que a Broadspan vai eliminar seu cargo — ele vai ser reestruturado, demitido. Como também vem planejando um novo futuro, ele vai me informar que, apesar de amedrontadora, a demissão é a melhor coisa que já lhe aconteceu.[67]

9 || Lua de colheita

Outubro de 2011

Colleen e eu estamos indo de carro para o oeste, ladeados por extensos milharais nessa estrada rural de mão dupla. Acabamos de presenciar um pôr do sol amanteigado derreter por entre pés de milho do meio-oeste estadunidense que se estendem para além do horizonte e, agora, estamos cercados pelo crepúsculo, aquele pequeno instante entre o alvoroço do dia e a calmaria da noite. O céu acima de nós está tão limpo que eu poderia identificar diversas constelações através do teto solar.[68]

Sem um destino concreto em mente, minha mão esquerda segura o volante, enquanto a direita descansa no joelho de Colleen. Nosso mundo pós-pôr do sol é silencioso, a não ser pelo zumbido da estrada e o rádio ao fundo tocando uma música dos Black Books, uma banda independente com quem ela convivia quando estudava arte em Cleveland. Colleen aumenta o volume e canta junto: "If you're not sunburned, you're not having fun."*

---

* "Se você não está queimado de sol, não está se divertindo." [*N. da T.*]

Hoje é a segunda terça-feira de outubro; o veranico outonal do sudoeste de Ohio está chegando ao fim. E, mesmo que não estejamos queimados de sol, ela e eu *estamos* nos divertindo — bronzeados após um verão brincando juntos ao ar livre, correndo por entre borrifadores de água, saltitando em parques arborizados e fazendo todos os clichês de jovens casais que estão se apaixonando. É maravilhosa a sensação de estarmos juntos, vivos juntos, vivos, juntos.

Dançando como uma água-viva com um vestido de verão, Colleen canta desafinada no banco do carona. Mas não importa que ela desafine; seu canto parece perfeito de qualquer forma. Não consigo me segurar e a observo do banco do motorista, roubo vislumbres sempre que tenho a chance, tirando os olhos da estrada apenas para absorvê-la.

Colleen é a garota mais linda que já conheci. Sei que isso parece hiperbólico e é provável que você não acredite em mim, mas tanto faz. Creia ou não, é a verdade, pura e simples. Ela é linda. Grandes olhos de um azul glacial. Cabelo indomável, cacheado, cor de mel. Seu cheiro perfeito, uma doce mistura de xampu e suor. E esse... esse... esse sorriso. Meu Deus, esse sorriso. Não seria capaz de descrevê-lo sem roubar frases gastas dos poemas de Keats. Caramba, até a cicatriz no queixo dela parece estar no lugar certo.

Este ano, quando nos conhecemos, eu estava entrando na casa dos 30, a década dos 20 desbotando em memórias. Não muito surpreendentemente, fizemos contato pela internet, depois que ela me mandou um tuíte inteligente e bobo sobre nos encontrarmos para tomar "líquidos cada vez menos quentes".[69] Embora tenha apenas dois anos a menos que eu, Colleen é quem está me ajudando a descobrir o que significa se apaixonar. Claro que ela não é perfeita, mas é o mais próximo que já testemunhei: sincera, vulnerável, franca. Com ela, quero ser uma versão aprimorada de mim mesmo, minha *melhor* versão. Pela primeira vez na vida, eu me sinto dedicado a um relacionamento.

— Por que ainda não colheram isso tudo? — pergunto, mexendo a mão da esquerda para a direita a fim de indicar a profusão de plantações não aproveitadas do outro lado do para-brisa. A terra à nossa volta está inchada de tanto milho, milho em todas as direções, milho por todas as janelas, pés mais altos que um jogador de basquete de salto alto. Mais milho do que se pode imaginar. Literalmente inimaginável.

— Sei lá — diz Colleen de um jeito brincalhão, contorcendo um pouco o rosto. — Por acaso você acha que eu sou alguma caipira?

— Ah, fala sério, aquele povaréu da sua família não é desta região? — indago. Estamos perto de um vilarejo rural chamado Greenville,[70] a uns quarenta quilômetros de Dayton, cerca de 25 quilômetros a leste da divisa com Indiana.

— O que você quer dizer com *aquele povaréu*?

Não consigo segurar um sorriso cheio de alegria, um sorriso do qual eu zombaria se não estivesse estampado no meu rosto bobalhão e apaixonado.

— Que porra é essa?![71] — grita Colleen do nada.

— O quê? Onde? — pergunto, quase saindo da estrada com um pânico repentino, olhando na direção errada feito um idiota.

— Aquilo! O que é aquilo?

Ela aponta para o noroeste. Seu rosto está iluminado como o de uma criança. Após um emaranhado de pés de milho, parece que o sol está reemergindo no horizonte, um enorme disco alaranjado, pegando fogo e se erguendo sobre o condado de Darke. Só depois de pararmos o carro no acostamento e abrirmos as janelas é que percebemos que na verdade não é o sol, mas a lua, a lua mais brilhante que já vimos. Ficamos presos em nossos olhares. Uma brisa sopra nos campos sob a lua resplandecente, fazendo as plantações parecerem e soarem como ondas do mar através das nossas janelas abertas. Tudo parece meio que um filme de David Lynch — realisticamente surreal, agradavelmente dilatado. As estrelas parecem um borrão. O chichiado dos gafanhotos ecoa. As gargalhadas de olhos arregalados de Colleen pairam no ar, suspensas em um momento congelado. Tudo parece bom demais para ser verdade, um raro momento perfeito, um *nós* nunca esperado, que parece irreprodutível.

É claro que os meses seguintes trarão incontáveis momentos maravilhosos como este, revelando a sensação de ser livre de verdade, produzindo os dias mais felizes da minha vida até aqui. E ainda assim darei um jeito de estragar tudo. Daqui a três estações, conforme a primavera sangra para dar lugar ao verão, enquanto me concentro em mais conquistas cegas, enquanto foco minha nova vida on-line e ignoro o mundo ao meu redor, enquanto perco a percepção do que é real, vou complicar um amor que era tão simples. Em dado momento, depois que a luz de nosso relacionamento se dissipar, Colleen e eu vamos tomar rumos diferentes, e eu vou aprender outra lição de vida relevante: quando paramos de prestar atenção a tudo que importa, quando perdemos de vista a felicidade que está bem à nossa frente, quando a buscamos por meio de supostas conquistas, elogios e reconhecimentos, não é muito diferente de procurar a felicidade por meio de bens materiais. A felicidade não funciona assim. Se a busca é mal concebida, a vida perde a magia, o propósito, e perdemos tudo que tem significado. A verdade é que se pode pular a busca da felicidade por completo e simplesmente ser feliz.

Depois do meu fracasso, enquanto avalio os danos, vou passar meses perscrutando o abismo de mágoa que me separa de Colleen. Com o tempo, após muita reflexão e incontáveis lágrimas, vou ser capaz de olhar para trás e ver onde errei...

Todo relacionamento — amizade, romance ou de outro tipo — é uma série de trocas. Todo relacionamento tem uma Caixa de Nós Dois. Para que a relação funcione, as duas pessoas precisam contribuir para a Caixa de Nós Dois — e tirar algo dela. Se você só der, mas não receber, vai sentir que está sendo usado, explorado, abusado; caso só receba e não dê, você é um parasita, um aproveitador, um sanguessuga.

Na maior parte do ano que passamos juntos, Colleen e eu contribuímos significativamente para nossa Caixa de Nós Dois. Demos e demos e demos. Por consequência, nosso amor se multiplicou, e cada um recebeu bem mais que doou. Foi lindo, de longe o melhor relacionamento da minha vida. Cooperamos e crescemos — crescemos juntos. No entanto, após um ano de relação, comecei a me sentir estagnado, como se não estivesse mais crescendo, e não sabia ao certo o porquê. Então, construí barreiras intencionais enquanto tentava desvendar minha estagnação.

Na realidade, eu não estava crescendo como antes porque não estava mais depositando tanto quanto antes. Colleen continuava a dar, enquanto eu dava menos e menos, mas continuava recebendo o mesmo. Eu estava recebendo sem dar. Fui egoísta e desatento, sem perceber que não é possível crescer sem oferecer.[72]

Conforme eu tirava e tirava e tirava, a distância entre nós aumentava, e logo nossa Caixa de Nós Dois ficou vazia, esgotada porque eu não contribuía — não estava focado no relacionamento como estivera durante todos aqueles dias magníficos juntos, quando tudo parecia fácil. Acontece que é preciso muito esforço para fazer algo parecer tão fácil.

Assim, embora os últimos anos tenham me ensinado que *não* somos a soma de nossos bens materiais, agora sei que o oposto também é verdadeiro: *somos* aquilo em que nos concentramos.

Infelizmente, quando percebi isso, era tarde demais. Nosso relacionamento desgastado se arrastou por meses até o fim, esmorecendo em meio a todas as emoções tristes e raivosas de uma canção de amor, tentando encontrar o ritmo que havíamos perdido, até percebermos que nosso amor sincopado tinha errado o compasso e nenhum dos dois conseguia reencontrar a batida.

Lembro-me de uma velha fábula iraquiana que li certa vez, em que um comerciante em Bagdá manda seu servo buscar provisões no mercado. O servo logo retorna, pálido e trêmulo, e conta ao comerciante que, no mercado, foi empurrado por uma mulher, que reconheceu como a Morte, e ela fez um gesto ameaçador. O servo pega o cavalo do comerciante emprestado e foge a toda a velocidade para Samarra, onde acredita que a Morte não o encontrará. O comerciante então vai ao mercado, encontra a Morte e pergunta por que ela fez o gesto ameaçador. Ela responde: "Aquilo não foi um gesto ameaçador; foi apenas uma demonstração de surpresa. Fiquei espantada ao vê-lo em Bagdá, pois tinha um encontro marcado com ele hoje à noite em Samarra."

De alguma forma, deixei o inverso acontecer comigo e com Colleen: corri rumo ao lugar onde achava que a felicidade estava, quando, na verdade, a felicidade morava no lugar do qual eu estava fugindo. Sei disso agora, depois da queda. Às vezes o melhor professor é nosso fracasso mais recente.

10 || Thoreau e o Unabomber entram em um bar

OUTUBRO DE 2012

Se existe um Deus, imagino que ele viva em uma cabana em algum ponto do oeste de Montana. No entanto, aposto que ele não frequenta este bar. O ar ao meu redor cheira a uma canção triste: fumaça de cigarro, cerveja derramada e perfume barato, do tipo que não sai nunca. Não sei bem o que estou fazendo aqui; nem bebo. Ryan me arrastou para cá em meio a meus protestos verbais.

— Vocês estão disponíveis? — diz Fulana de trás do balcão do bar. Seu sotaque rural é tão forte que não sei se é uma pergunta ou uma afirmação.

— Disponíveis para quê?

— Para *sexo*. Vocês estão disponíveis para sexo?

— Ah. Humm, sim — diz Ryan com um sorriso de outdoor.

— Mas só por convite.

Fulana é bonitinha, talvez tenha uns 25 anos, apesar de aparentar nada menos que 34, e está usando maquiagem demais e um sutiã que levanta os seios para faturar mais gorjetas. Mesmo na luz sombria, ela tem a pele manchada de um rosto de segunda mão, e dá para ver que fuma muito. Há uma tatuagem de borboleta em seu cóccix; não consigo ler o que está escrito abaixo das asas, mas acho que entendo o que quer dizer de verdade. Ryan conversa há 15 minutos excruciantes com essa garota e suas duas amigas. As amigas estão sentadas deste lado do bar e são versões ligeiramente mais serrilhadas da bartender, o rosto envernizado, seco e rachado pela falta de umidade. Até agora não falei muito, mas estou exausto só de assistir a esse papo.

Ryan olha para mim e sorri, então toma um gole de líquido cor de urina de um copo de shot. Nesta cidade, bebem como se estivessem tentando se livrar do estoque excessivo. Dois dólares são capazes de deixar você bêbado, um fato que me parece insuportavelmente triste. O pote de gorjetas no balcão está meio vazio. A *jukebox* toca uma música. Literalmente uma *jukebox*. Reconheço a melodia de "Ohio", de Austin Hartley-Leonard, o que me faz sentir que os deuses planejaram de antemão essa ironia, uma vez que a canção é sobre encontrar um caminho de volta para Ohio e nunca mais sair de lá, uma ideia tentadora que me faz apalpar o bolso para verificar a chave do carro.

Estudos sugerem que cirurgiões que ouvem música durante as operações têm resultados melhores que os que não o fazem. Linhas de pensamento aceleram através do meu cérebro, fatos aleatórios como esse zunem de um lado para o outro, em especial quando me vejo em situações desinteressantes como esta. Às vezes, queria poder desligar. Os pensamentos vêm e vão; nunca consigo segurá-los. Além disso, se conseguisse capturá-los, eles seriam meus e eu seria responsável por eles, e, honestamente, esse é um compromisso grande demais.

— Um brinde às pessoas disponíveis! — proclama Ryan, erguendo seu copo de mijo.[73] (Assim como eu, Ryan ficou solteiro há pouco tempo.)

As três garotas riem em um uníssono estranho e multitonal que parece imitar o acasalamento de animais de fazenda. Ryan olha para mim e, pelo modo como reage a minha expressão, meu olhar de volta deve denunciar confusão, horror ou animação ou, de algum jeito, todos três ao mesmo tempo. Não sei qual das alternativas é verdadeira; estava apenas tentando sorrir educadamente.

Sorrir ajuda a fortalecer o sistema imunológico.

Mais para o início deste ano, antes que a umidade de Ohio se tornasse tão densa que dá para sentir seu gosto, Ryan e eu embarcamos em nossa primeira turnê literária, uma viagem por 33 cidades para promover a publicação de nosso primeiro livro de não ficção, *Minimalism: Live a Meaningful Life*, que usa os conceitos do minimalismo para delinear e discutir as cinco áreas mais importantes da vida: saúde, relacionamentos, paixão, crescimento e contribuição. Essa turnê, que acabou em meados de julho, nos arrastou por todos os cantos dos Estados Unidos e do Canadá, e seus episódios ajudaram a dar à luz novos Joshua e Ryan. Uma experiência incomparável. Resumindo, aprendemos mais — experimentamos mais — do que esperávamos. A seguir uma seleção de trechos do meu diário, uma colagem aleatória e quadro a quadro de nossas viagens este ano...

Nosso carro foi rebocado em St. Petersburg, Flórida. Trabalhamos na mesma praia em que espalhei as cinzas de minha mãe dois anos antes. Abraçamos membros do movimento Occupy, advogados, Couch Surfers* e CEOs aposentados. Conhecemos um homem de Knoxville que jejuou por quarenta dias. Fomos parados pela polícia rodoviária do Kansas e revistados à procura de drogas.[74] Dormimos no chão da residência de um casal bondoso no Missouri e ouvimos o vizinho com Tourette uivar obscenidades a noite inteira. Dormimos no carro no meio do deserto do Arizona, a poucos metros de cobras e insetos venenosos. Vomitamos (bem, eu vomitei) em um banheiro em São Francisco antes de discursar para a maior plateia da turnê.[75] Bebemos o melhor chá do mundo com nosso novo amigo Leo Babauta. Confundimos, de longe, as luzes de Reno com as luzes de Vegas. Ficamos presos em uma nevasca na zona rural do Wyoming. Procuramos (sem sucesso) a estátua de bronze de John Stockton em Salt Lake City. Dormimos em um loft impressionante no distrito de armazéns de Milwaukee. Constrangidos, demos autógrafos no réveillon de Chicago. Tivemos conversas cheias de significado com uma mulher de 83 anos e um menino de 11.

Tomamos banho de água de poço no Texas. Passamos tempo com Colin Wright quando nossos caminhos se cruzaram enquanto ele ziguezagueava pelos Estados Unidos. Caminhamos na chuva com nosso amigo escritor Chase Night e duas lindas gêmeas ruivas em Little Rock. Aparecemos na NPR em St. Louis com o lendário Don Marsh. Nos exercitamos em paradas na estrada em dezenas de estados. Fomos reconhecidos por

---

* Membros da rede social Couch Surfing, que conecta pessoas interessadas em intercâmbio turístico (ou seja, hospedagem grátis e experiências de viagem baseadas na generosidade e na hospitalidade). [*N. da E.*]

leitores nas ruas de Nashville e Dayton e, depois, em Seattle.[76] Agradecemos a pessoas como John Schultz por dirigir até oito horas para nos ver em Arkansas, Oklahoma e Kansas.

Comemos tacos de peixe em Rochester. Esmagamos a mão com a qual escrevemos — minha mão direita — em uma janela defeituosa e sangramos por toda Coney Island. Lemos em voz alta uma frase de três páginas do meu romance a ser lançado em frente a uma pequena plateia em Nova York. Caímos para *cima* em uma escada saindo do metrô em Manhattan. Testemunhamos um terrier escocês branco usando um suéter xadrez e fumando um Camel Light no Brooklyn.[77] Levamos nossa mensagem às ruas de Boston — literalmente. Alimentamos pessoas sem teto nas ruas de Pittsburgh e lemos poemas da coletânea de poesia de nosso amigo Shawn Mihalik em Cleveland. Corrigimos o dever de casa da turma do meu novo curso de escrita on-line, "Como escrever melhor", indo de carro rumo ao leste na rodovia I-70. Fizemos um discurso estilo Martin Luther King Jr. nos degraus do Memorial Lincoln. Vimos a "maior loja de camisinhas" (do mundo?) na Filadélfia.

Ficamos perto de uma cabeça gigante e surreal de Ronald Reagan em Branson, Missouri. Falamos em livrarias, centros culturais e salas de aula em universidades. Fizemos revezamento para dormir no banco do carona na estrada. Criamos uma banda falsa só por criar.[78] Contamos piadas sem graça em frente a uma plateia lotada na sede da Housing Works em Nova York, um evento cuja renda foi usada para combater a dupla crise de falta de moradia e aids. Autografamos (desfiguramos?) livros e carteiras e até alguns Kindles. Andamos na chuva, navegamos por metrôs e pegamos inúmeros trens. Arrumamos um ao outro sem cerimônia e descobrimos que usamos o mesmo produto para cabelo.[79] Vimos alguns adesivosdecarro inacreditavelmente ignorantes.[80] Ficamos hospedados com novos amigos incríveis, como Donna, Sarah e Emily, e amigos de longa data, como Dave, Jeff e Marla.

Dirigimos de Ohio até Des Moines e Portland e San Diego, onde nosso jovial amigo Austen nos apresentou a uma birosca mexicana que ainda estava aberta à uma da manhã. Limpamos cocô de cavalo na frente de uma família poligâmica enquanto o sol se punha nas montanhas de Utah. Visitamos o monte Rushmore e tivemos boa parte de nossa experiência manchada por anúncios infinitos e cidades inteiras dedicadas a comprar porcarias. Passamos de carro por grama mais verde que um gramado sintético em alta definição, tão verde que não sabíamos se estávamos em Dakota do Norte ou na Irlanda. Presenciamos os fogos de artifício do Dia da Independência no centro de Boise. Estacionamos no acostamento para absorver os ferozes incêndios florestais do Colorado, brilhantes, avermelhados e incontroláveis enquanto acendiam o céu noturno. Falamos junto com nosso novo amigo Joshua Becker no World Domination Summit. Dormimos em uma Seattle que supostamente nunca dorme. Vimos o sol se pôr de forma cinematográfica na água durante nosso último evento em Vancouver. Passamos tempo no Canadá, ficando acordados até tarde e rindo com Leslie, Julia e companhia, tocando violão e cantando, vivendo momentos de qualidade com algumas das pessoas mais incríveis que já conheci.

Vimos as duas costas. Percorremos mais de 32 mil quilômetros em nosso ônibus de turnê.[81] Pisamos em 44 estados norte-

-americanos. Viajamos mais durante nosso 31º ano na Terra do que em todos os 30 anteriores somados. Aproveitamos 33 encontros excepcionais em 33 cidades únicas. Falamos em frente a mais de mil pessoas este ano, com plateias que foram de duas a 72 pessoas. Rimos, choramos e rimos do fato de que estávamos chorando. Comemos e tivemos conversas significativas com gente maravilhosa que faz coisas maravilhosas e que conhecemos pela internet. Fizemos novos amigos. Fomos inspirados por inúmeras pessoas e suas histórias impressionantes de transformação. Do nosso pequeno modo, ajudamos a espalhar a mensagem de uma vida simples. Vivemos a vida, e nunca nos sentimos mais vivos. Paramos de falar sobre viver e começamos a viver de fato.

Fim da colagem de instantâneos.

Depois do encerramento da turnê em Vancouver, estávamos radiantes, mas exaustos, de braços abertos para abraçar Ohio novamente, mesmo com seu ar abafado e sua enxurrada de insetos no para-brisa. Começamos a viagem de volta a nosso estado e, pelo caminho, testemunhamos aquele que talvez seja o lugar com o visual mais surpreendente do planeta: o oeste de Montana, passando por suas planícies de flanela, montanhas de um verde perene e horizontes clichê de caubói, para além dos rios azul-cobalto recobertos por pinheiros centenários, através dos quais pequenas manchas de raios solares alcançam a água que se inclina rio abaixo, até o local após os extensos cânions, onde campos divididos por vagões de trem fervem sob o calor do verão e o tempo pausa.

Pareceria clichê dizer que soubemos de imediato que era aqui. Mas, à primeira vista, soubemos de imediato que era aqui.

Montana, com seus 350 dias de sol,⁸² corretamente batizado de Último Melhor Lugar, era o local que queríamos para começar a trabalhar em nosso novo grande projeto. Sabíamos que, se desejássemos continuar a espalhar nossa mensagem de vida simples, era chegado o momento de parar e trabalhar a sério, o que os músicos às vezes chamam de *lapidar*. E tínhamos ciência de que, para conseguir o que desejávamos, precisávamos estar dispostos a agir; precisávamos ter o ânimo de pôr a mão na massa.

Com isso em mente, Ryan e eu nos mudamos para uma cabana nas montanhas do oeste de Montana. Desde outubro de 2012, somos residentes do Estado do Tesouro, dois migrantes de Ohio morando em uma área remota, a duas horas da ponta de Idaho, a uma hora de Butte, em cima do laço para pegar seu notório clima subártico, meio que fazendo uma versão atualizada daquela história toda de Thoreau.⁸³⁻⁸⁴

Esses dias, tenho poucos desejos por novos bens materiais (embora aquele anseio maligno ainda persista de tempos em tempos), mas quero ser mais bem-sucedido. E o sucesso para mim tem pouco a ver com dinheiro, posses ou status. Em vez disso, é uma equação simples: Felicidade + Crescimento + Contribuição = Sucesso. Esse é o único tipo de sucesso que conheço. Portanto, quero realizar um trabalho que me deixe feliz, que me encoraje a crescer, que me ajude a contribuir com alguém além de mim mesmo. No fim das contas, quero criar mais e consumir menos. Isso requer trabalho de verdade.

Entre as paredes de nosso novo lar, antes que o sol se ponha em 2012, vou enfim publicar meu romance, *As a Decade Fades*, após quase quatro anos me derramando em suas páginas. Além disso, Ryan e eu estamos planejando uma turnê de fim de ano por dez cidades, assim como o começo dos trabalhos em nosso próximo livro: um projeto narrativo de não ficção ainda sem título, uma espécie de obra memorialística.[85]

É o sonho estereotípico de qualquer escritor — encontrar uma cabana nas montanhas com uma vista pitoresca, jogar mais lenha na lareira crepitante no inverno enquanto a neve cobre o rio congelado para além das janelas, remover as distrações emocionalmente exaustivas da correria insana e começar a trabalhar em seu projeto mais importante — certo?

Tudo bem, talvez essa não seja a aspiração de todos, mas o momento parecia propício para que fizéssemos isto: nos mudássemos para um ponto isolado da zona rural para trabalhar vigorosamente, aprender ferozmente e crescer imensamente.

Como consequência, ao menos pelos quatro meses seguintes — talvez mais — vamos nos refugiar em nosso novo lar selvagem e manter o foco.[86]

Quando cheguei aqui, em 3 de outubro, após uma caminhada de mais de três mil quilômetros a partir de Dayton, fui recebido por uma neve precoce que roubou as cores do outono. Soube de imediato que um inverno produtivo me aguardava. Enquanto absorvia a paisagem, cortei lenha a fim de me preparar para os meses do inverno vindouro. Ryan chegou uma semana depois e, juntos, colonizamos nossa nova morada.

A cabana em si fica na encosta de uma montanha, nos arredores de uma cidade com cinco bares e cinco igrejas. Há um único semáforo nos quase dez mil quilômetros quadrados deste lugar. Após alguns dias de neve no início de outubro, o acúmulo cessou, e o outono voltou conforme o cobertor branco desapareceu aos poucos. Esta época do ano aqui é azul-celeste e verde-floresta com mil tons de amarelo. Até a casca das árvores é de um amarelo amarronzado, deixando tudo com uma desconfortável aparência queimada.

E, mesmo com todo o meu papo de me concentrar e ser produtivo, cá estou em um bar barato ouvindo um banjo poluir as ondas sonoras ao meu redor.

Isso também vai passar.

Agora está escuro lá fora, e através de janelas embaçadas vejo que nosso carro é o único veículo sem ser um 4x4 estacionado na rua. As duas garotas deste lado do balcão usam alianças de casamento opacas, douradas e com minúsculos diamantes, apesar de isso não impedi-las de flertar sem cerimônia. Olho para baixo e observo meu polegar brincando com a pele lisa na base do meu anelar na mão esquerda. Faz três anos que aquela aliança se foi e ainda sinto uma pontada de culpa, redobrada por causa de meu término recente com Colleen; ou é uma culpa congênita, ou aquele ambiente infinito de vergonha que perdura após um excesso de missas católicas na infância. Minhas mãos estão ásperas, meu bronzeado adquirido no verão do Cinturão da Ferrugem desbotou e minha pele agora tem a cor de roupa íntima térmica úmida.

A garota a meu lado está prestando atenção demais em mim. Não falei quase nada, mas ela diz que me acha "interessante", um termo que eu usaria de forma passivo-agressiva, como um insulto disfarçado, mas sei que ela está sendo sincera. Sou *interessante*. Bom para mim. Ela está tossindo agora, uma tosse catarrenta de fumante. Seu hálito foi banhado em vinho tinto barato.

Há mais álcool no enxaguante bucal que no vinho.
Nunca tinha percebido até agora, mas uma *tosse* é onomatopaica. Essas duas garotas, bronzeado falso e alaranjado, poderiam se passar por irmãs, embora claramente não sejam. Elas se parecem demais para serem irmãs, como se de fato estivessem tentando simular um parentesco. Tenho certeza de que já me disseram seus nomes em algum momento dos últimos 15 minutos, mas não fui capaz de me concentrar, então imagino que ambas se chamam Betty.
O medo de pessoas feias se chama cacofobia.
O bar está enfumaçado; a fumaça paira no ar. Não é permitido fumar em ambientes fechados neste estado, mas este bar no meio do nada não se preocupa nem com a sinalização obrigatória. Só de ficar sentado neste lugar por uma noite seria possível obter um diploma em apatia. Minha bunda está dolorida com a dureza fria da banqueta.

O banheiro aqui só seria razoável em um filme de terror. As divisórias do mictório já foram brancas, mas anos de mira ruim e respingos as deixaram com um tom enferrujado de marrom. A pia é uma tina de inox toda manchada. O secador de mãos elétrico fica pendurado na parede, inoperante, os fios expostos a meros centímetros da água corrente.

Há vinte minutos, voltei do banheiro e encontrei minha banqueta ocupada por 1,80 metro de camuflagem. Ryan estava sentado na mesma banqueta (na qual continua empoleirado até agora, aqui bem ao meu lado), enquanto um homem magrelo de uniforme do Exército comprado em bazar tentava lhe vender carne de cervo "recém-tombada" com um desconto substancial, carne à qual o homem se referia como "de caça". Já reparou que, quando se trata de mamíferos, não dizemos que estamos comendo o animal em si? Não comemos um cervo, e sim carne de caça. Não comemos sanduíche de boi, mas hambúrgueres. Não devoramos o corpo de um porco, mas nos deliciamos com linguiças. E por aí vai. Isso acontece porque sentimos culpa? Será que os caçadores sentem algum tipo de culpa estranha após matar por esporte? Será que caçar é um esporte de verdade, igual a, digamos, basquete ou beisebol? De repente me ocorre que a soma de tudo que sei sobre caçar poderia ser inscrita no cartucho de um calibre 22 em fonte tamanho vinte.

 O caçador estava sentado na minha banqueta e negociava com Ryan. Ele falava alto, metanfetaminicamente, e Ryan apenas ficava lá e tolerava o discurso eufórico de vendedor. O caçador parecia ridículo, como uma paródia de si mesmo, com o uniforme do Exército grande demais e feições côncavas dignas de um personagem de história em quadrinhos — os olhos escuros, fundos, sem cor, sob os quais havia olheiras do tom de uma hemorragia interna; o nariz grande contornado por fendas sombrias; o queixo fraco coberto por uma barbicha de uma semana e meia, negligente em seu aparente dever de cobrir as marcas do tamanho de crateras nas bochechas desse homem —, e tinha um cigarro pela metade enfiado atrás da orelha esquerda. A calvície frontal estava chegando com toda a força, mas o cabelo dele era comprido na parte de trás. E suas botas exibiam gotas de sangue. Sangue de cervo? Não dava para saber.

 Peladofobia é o medo de carecas.

 Eu me sentei ao lado deles e fingi bebericar um refrigerante diet que tinha um gosto assustador de água de riacho (*assustador* porque há um riacho exatamente atrás deste distinto estabelecimento). Imaginei Ryan interrompendo o caçador no meio de uma frase e perguntando "Onde você corta o cabelo?".

— Quê? — diria o caçador, confuso, no diálogo que imaginei.

— Seu cabelo. Onde você corta?

— Há?

— Só quero saber para poder evitar essa barbearia a qualquer custo.

Mas Ryan nunca falaria isso, então não falou. Tampouco comprou carne de caça recém-tombada.

Trinta minutos se passam, embora pareçam uma semana. O tempo passa mais devagar aqui.

— Se escrever sobre isso, por favor não faça parecer que só tem um bando de bêbados na cidade — alertou-me Ryan.

— Que cidade? — pergunto.

— Esta aqui. P_____.

— Mas a cidade é *lotada* de bêbados. É uma cidade beberrona com um problema de pesca.

— Quê?

— É o que diz aquele adesivo ridículo em uma das picapes lá fora: *P_____, MT, uma cidadezinha beberrona com um enorme problema de pesca.*

— Tanto faz. Só não escreva sobre isso.

— Tudo bem, não vou escrever — minto.

Ryan franze a testa.

— O que foi? Não vou mencionar o *nome* da cidade. Não é como se eu fosse escrever "P_____ é lotada de bêbados" ou algo assim.

— Estou falando sério.

— Mas olha este lugar.

Abro os braços em uma pose que não seria muito diferente se estivesse sendo crucificado.

— O que tem?

— Imagino que o inferno seja um bar de cidade pequena como este aqui. Ou, no mínimo, o purgatório. Assim, sabe, você precisa esperar. Sobreviver a isso, aí Deus dará o veredito — digo, com os braços ainda pregados no ar enfumaçado.

Na Roma antiga, a crucificação em geral tinha o intuito de provocar uma morte particularmente lenta, publicamente humilhante e dolorosa (daí o termo excruciante, que significa, literalmente, "torturante na cruz").

Não é que as pessoas desta cidade sejam burras ou ignorantes. Não são. Na verdade, se tem alguém ignorante nesse contexto, sou eu. Nunca saí para caçar. Não toco em uma vara de pescar desde a adolescência. E nunca tive uma picape, uma arma de fogo, nem qualquer coisa camuflada. Não, estas pessoas não são ignorantes de forma alguma; simplesmente se adaptaram ao ambiente. Gente nova aqui é algo raro, e, quando alguém de fora aparece, os habitantes da cidade não reagem de imediato, espectadores curiosos esperando algo divertido acontecer.

— E aí, rapazes, o que vocês vão fazer hoje à noite? — pergunta Fulana do outro lado do bar. Em seguida, olha para as Bettys para verificar se estão ouvindo.

Olho para ela, mas não reajo. Em meio ao crescente burburinho e à trilha sonora errante, todo mundo aqui parece um pouco com o som de um orelhão quando fala.

— Sou areia demais para o seu caminhãozinho — imagino Ryan respondendo a Fulana, embora ele jamais fosse capaz de dizer algo assim.

— Querem fumar um depois daqui? — indaga uma das Bettys para o ar em volta de mim e de Ryan.

Ryan inclina a cabeça e lança um olhar confuso para ela. O barulho aqui está ficando mais alto à medida que mais gente chega, e sinto o desejo inusitado de gritar algo alto e obsceno para a multidão crescente, para ninguém específico, mas não sei ao certo por quê.

— Vocês não são policiais, não é, meninos? — pergunta a outra Betty. Ela tem olhos da cor da base da chama de um isqueiro.

Pessoas com olhos azuis enxergam melhor no escuro. Olhos azuis são, na realidade, uma mutação evolutiva. Antes da mutação, todos os humanos tinham olhos castanhos.

Ryan parece mesmo um policial, mas não da vida real. Ele está mais para um policial da TV: bonito, maxilar proeminente, ombros largos, barba por fazer.

A barba de um homem cresce mais rápido quando ele antevê sexo.

E os óculos estilo aviador pendurados na gola da camisa dele não gritam exatamente "Não sou um policial!".

A outra Betty coloca a mão da aliança em frente à boca e solta um tossido profundo, o que leva a Betty mais próxima a tossir também.

Este lugar está inundado de flanela e decotes fortuitos. Fulana nos informa que o bar nunca fica tão cheio em dias de semana.

— Veio todo mundo ver vocês dois — diz. — Dar uma olhada.

— Dar uma olhada na gente? — pergunto, fingindo preocupação.

— É, querido. Todos querem dar uma farejada nos caras novos — diz, apontando para a matilha de cachorros selvagens congregados em banquetas ao redor de mesas de bilhar, todos envoltos na fumaça do bar. — Ouvi falar muito em vocês. Não é todo dia que dois escritores se mudam pra cá. Ainda mais sendo bonitos como vocês. Eles pensam que é uma coisa de filme.

Apenas pisco como resposta. Moradores locais estão por toda a nossa volta agora, rodeando. Invadiram este bar como os Aliados invadiram as praias da Normandia.

— As garotas nesta cidade são um bando de taradas — garante ela, embora eu não tenha certeza do por que disso. Um aviso? Uma oferta? — E elas gostam desse tipo hollywoodiano de vocês.

Celebrifilia é o desejo excepcionalmente intenso de fazer sexo com uma celebridade.

Nunca fui a Hollywood. Olho para meus pés e, em seguida, ao meu redor, para o neon vazando das paredes, e sinto uma forte vontade de achar uma saída. Não sei se é agorafobia ou claustrofobia ou o quê, mas tem gente demais aqui e não estou confortável. Posso ser muitas coisas, mas não estou sozinho. Na verdade, estar solitário e estar sozinho não são a mesma coisa: um salão lotado pode ser o lugar mais solitário do planeta.

Digo a Ryan que vou para o lado de fora em busca de ar fresco e encontro forças para arrastar meu corpo através das portas da taverna. Aqui fora, uma picape entra de ré na rua. Seu escapamento é impositivo e desagradável enquanto cospe no ar nuvens de fumaça com cor de pedra e formato de colher de mel. O adesivo no para-choque diz MONTUCKY. Conforme o carro dá a ré, as luzes traseiras iluminam uma garota desacompanhada, em pé na parte de fora do bar.

O oposto de reverso *é, na verdade,* anverso.

A garota traga um cigarro e olha desconfiada para mim. Está a uma distância de menos de três metros, e, à luz pálida, parece uma Jennifer Aniston mais jovem.

Celebrifilia é o desejo excepcionalmente intenso de fazer sexo com uma celebridade.

Está frio aqui fora e percebo que meu casaco é fino demais. Astronomicamente, o céu aqui costuma ser limpo e belo. Mas não hoje à noite. Hoje, camadas de nuvens cor de rinoceronte vagam baixas pela atmosfera, tocando as montanhas ao meu redor como se estivessem aparafusadas a serpentes nas encostas. A garota fumante parece insegura, até nervosa. Usa um casaco grande, mas ainda assim está tremendo. Cobrindo a boca com a mão enluvada, ela espirra e limpa o nariz na parte de trás da luva.

O termo técnico para espirro é esternutação.

— Você não vai tentar filar um cigarro, vai? — É a primeira coisa que ela me pergunta, me encarando com olhos abrasadores.

Moscas-das-frutas são conhecidas por beber álcool depois de serem rejeitadas por potenciais parceiros sexuais.

— Não fumo — respondo. — Mas agora fiquei tentado a pedir um.

Ela estremece.

— Desculpe, foi uma coisa bem grosseira o que eu falei. É que estou tentando parar e este deve ser meu último maço.

Ela observa a ponta do cigarro brilhar como um fusível aceso.

Dou um passo para me aproximar, até o limite do espaço pessoal dela, e a garota para de tremer tanto. Tem uma aparência frenética como a de um animal à luz do farol prestes a ser atropelado. Desta distância, vejo que sou muito mais alto que ela.

Uma pessoa de 1,88 metro é mais alta que 94 por cento da população mundial.

Ela me oferece um cigarro, uma espécie de trégua apaziguadora, com um sorriso que eu gostaria de levar para casa e guardar. Recuso abanando a mão e me aproximo mais um pouco. Ela é pequena e bonita e, pelo jeito, parece aterrorizada com algo — eu ou esta cidade, a ideia de largar seu vício, a ideia de assumir um compromisso pelo resto da vida. Do que quer que seja, ela tem medo. Estou tão próximo que consigo me ver em seus olhos cinza. Por um instante imagino que ela vai comigo para casa, cheirando a fumaça e cerveja derramada e perfume barato, deita em minha cama, mancha meus lençóis em uma hora de amor fingido e, então, adormece ao ritmo de uma animação contaminada. Eu poderia passar uma ou duas horas tentando conversar com essa garota. Poderia tentar encontrar algo em comum que não existe. Mas não tenho forças para isso hoje. Tenho 31 anos agora e me desvencilhei dos meus 20 e poucos anos comendo lótus, então sexo por sexo me parece uma proposta vazia, sem qualquer significado. Solitária.

Vasocongestão é o termo médico para testículos intumescidos... A palavra masturbação vem do latim masturbari, *que significa "poluir-se".*

Olho para a entrada do bar e decido não me despedir de ninguém. Prefiro ir para casa sozinho, o que de alguma forma parece menos solitário que a alternativa. Por detrás dos prédios de tijolos, o riacho varre as pedras e os sedimentos. Percebo que preciso mijar. Aceno com a cabeça para a garota bonita e lhe desejo uma boa noite e juízo, e ela se volta para seu cigarro, tremendo, sem hesitação, e começo a andar de volta para casa, em busca de um lugar para urinar no caminho.

Todo ano, cerca de quarenta mil norte-americanos sofrem ferimentos relacionados ao vaso sanitário. Ao fazer xixi no banho, porém, o norte-americano médio pode economizar 4.379 litros de água ao ano.[87]

De volta à cabana, duas moscas vagueiam pelo meu quarto no segundo andar, procurando uma saída. Ambas as criaturas são enormes e vagarosas e um bocado burras, irritantes mas fáceis de matar. Está escuro e minha cama, vazia. Mas amanhã começa o trabalho.

11 || Lindos acidentes

DEZEMBRO DE 2012

Chegando ao Centro de Inovação Social de Toronto, tenho certeza de que estamos no lugar errado. Após conferir o endereço, tenho medo de que alguém que chegue aqui para nosso pequeno encontro com os leitores não consiga passar da fila do lado de fora.

O Centro é um grande edifício de tijolos com cinco andares de áreas para encontros, salas de conferência e estações de trabalho compartilhadas. Mel,[88] a maravilhosa moradora local que encontrou este espaço para nosso pequeno evento, não atende ao telefone. Cai na caixa postal.

"Oi, é o Joshua", digo, minha preocupação começando a se transformar em pânico, o que consigo detectar em minha voz. "Há uma fila na frente do nosso prédio. Parece que tem outro evento hoje à noite — um show, uma festa, algo assim. Liga de volta quando puder e me diz se tem um jeito de nosso público evitar a multidão aqui em frente — uma entrada dos fundos, passagem secreta, saída de incêndio, qualquer coisa. Obrigado, tchau."

Este mês marca exatos dois anos desde que Ryan e eu começamos nosso site. Estamos mais ou menos na metade de nossa turnê de fim de ano por dez cidades. Há poucos dias, deixamos Boston após falar para um modesto grupo na Harvard Business School. Não tem lugar para estacionar do lado de fora do Centro de Inovação Social e o terreno ao lado está lotado, então paramos em uma "vaga reservada" que não diz para quem está reservada, embora exista uma certeza: não é para nós.

Ryan e eu atravessamos a multidão e chegamos à entrada principal, passando por uma porta dupla de vidro que leva a um elevador e a uma escadaria. Uma placa presa à janela diz "Turnê da Felicidade de Fim de Ano dos Minimalistas, Quinto Andar, 19 horas". Não há qualquer placa informando sobre o outro evento maior que ocorrerá ao mesmo tempo que o nosso.

A fila que escapa para além das portas parece formada por um público à espera de um show e serpenteia pelas escadas. Conforme nos espremermos para subir pelos andares, pedindo desculpas — com licença, desculpe, com licença — a cada poucos degraus, recebemos acenos tímidos e sorrisos cintilantes e olhares surpresos de quase todas as pessoas pelas quais passamos. Fica cada vez mais aparente que ao menos alguns desses rostos sorridentes estão aqui para nos ver. No entanto, é impossível determinar qual porcentagem eles representam.

Uma moça bonita de cabelo escuro está no topo da escada no quinto andar, direcionando o tráfego. É Mel. Ela parece bem ocupada.

— Oi, tentei te ligar — digo, estendendo os braços para abraçá-la.

— Desculpe, deixei meu celular na sala.

Ela aponta por cima do ombro com um polegar, depois nos abraça.

— Para que essas pessoas estão aqui? — pergunta Ryan.

Ela o contempla, sem saber se ele está brincando, e então, quando percebe que não, olha incrédula para nós dois, com uma expressão que diz *Estão aqui para ver vocês, seus idiotas*.

Ryan olha para mim. Eu olho para ele. A ficha cai sobre nossas feições exatamente ao mesmo tempo.

— Cacete — falamos em uníssono.

A fila se estende pelos cinco lances de escada atrás de nós.

— Deveríamos deixar algumas dessas pessoas entrarem na sala — digo, tentando ajudar de alguma forma.

— A sala já está cheia — informa ela. — Achei que vocês tinham dito que viriam umas quarenta ou cinquenta pessoas, no máximo.

No fim do corredor, o espaço do nosso encontro é branco e iluminado e está transbordando de canadenses — homens, mulheres e crianças, de todas as idades, todas as raças, todos os... esperando por nós? O salão de pé-direito alto deve acomodar cinquenta pessoas confortavelmente, mas tem umas cem pessoas lá dentro, ombro a ombro, de um lado ao outro, até o fundo. Erika, amiga de Mel, uma morena alta de jeans e com o cabelo preso, nos leva para a frente do salão, lançando uma energia estilo Moisés que força a multidão a se abrir e formar um caminho até o palco. Ryan e eu observamos fixamente a massa de corpos à nossa frente. Faltam dez para as sete.

Acontece que três dos maiores jornais do Canadá resolveram publicar matérias de página inteira sobre nosso evento esta semana. Felizmente, alguns minutos antes de Ryan e eu subirmos ao palco, Mel arrumou um grande salão no subsolo de concreto do edifício. Mesmo com o local consideravelmente maior, somos forçados a fazer nossa apresentação duas vezes para dar conta de todas as pessoas aqui.

São quase nove horas agora, e estamos nos preparando para fazer nosso discurso meio que improvisado mais uma vez. O salão está abarrotado de filas de cadeiras que conduzem a um palco ligeiramente elevado. Há uma pequena parede divisória à minha esquerda nos separando da cafeteria interna do Centro de Inovação Social, que deixa passar os sons abafados de leite sendo vaporizado e as batidas de uma caixa registradora antiga. As luzes do palco dificultam ver a plateia. Mesmo assim, noto minha amiga Aili sentada na primeira fila, à direita do palco.

Aili foi minha aluna na turma de escrita on-line que comecei este ano. Ela parece especialmente escandinava nessa luz — alta, loira e bonita. Tem olhos cor de jeans gasto com a mesma qualidade infinita de um vasto oceano. Está usando roupas casuais, mas de um jeito bem pensado. Acho que se poderia chamar de casual premeditado. Seu sotaque é claramente canadense, educado, confiante e ofegante. Se você conversar com ela por mais de trinta segundos, é fácil ver que é mais inteligente que você. Pelo menos é verdade no meu caso. Embora, para ser justo, a história de Aili não seja tão diferente da minha: com 20 e tantos anos, ela tinha o mundo a seus pés. Bem, ao menos era o que parecia.[89] Após se formar em uma universidade respeitável, ela encontrou um emprego bem remunerado e subiu na hierarquia, acumulando todas as armadilhas do "sonho americano" no caminho.[90] Estava levando a vida que deveria querer, mas não era a vida *dela*; sentia que estava vivendo o sonho de outra pessoa.

Ryan e eu tivemos um dia livre em Toronto ontem, então me encontrei com Aili para tomar um chá em uma cafeteria chamada Darkhouse, enquanto Ryan passava um tempo no escritório de nossa relações-públicas na King Street.[91] Aili e eu ficamos a uma mesa perto da janela, e tudo em nossa conversa parecia vibrar na mesma frequência conforme refletíamos sobre mudanças de vida, viver de forma mais simples e, o assunto que ficou na memória, equilíbrio.

— É difícil encontrar equilíbrio na vida — disse ela, uma canção acústica tocando baixinho nos alto-falantes do teto.

Reconheci a música: "Unwriteable Girl", de Gregory Alan Isakov, cuja voz suave parecia agitar a melodia no ar ao redor.

— Depende do que você quer dizer com equilíbrio, não?

— Exato. É difícil até de definir, nebuloso. O conceito em si é o suficiente para fazer a gente sentir que não dá conta de todos os aspectos da vida, ainda mais se você for incentivado a alcançar; em casa e no trabalho, você sente que deveria fazer mais: contribuir mais, realizar mais, estar mais disponível. Mais, mais, mais. Onde está o equilíbrio nisso? Todas as metas bobas e os cronogramas agressivos apoiados por um tsunami de estratégias e ferramentas, tudo em uma grande tentativa de conduzir o navio em uma nova direção, enquanto a questão persiste.

— A questão de como encontrar equilíbrio?

— Sim. O que me faz pensar se essa é mesmo a questão — completa Aili. — O que acontece com o equilíbrio é que ele cria uma separação entre o trabalho e o resto da vida. Mas o trabalho não é separado da vida, é parte dela. Então, em vez de tentar medir, pesar e comparar partes da vida que desafiam qualquer comparação, por que não nos perguntamos se sentimos a harmonia na soma de tudo? Tipo: *Estou feliz? Estou saudável? O que estou fazendo é significativo para mim? Amo minha vida?*

— Mas essas perguntas são altamente pessoais.

— Acho que precisam ser — diz ela. — Só *você* pode descobrir o que *te faz* feliz. Não é um modelo.

— Concordo — falei, sério. — Eu pensava em *trabalho* como uma palavra ruim. Quando estava no mundo corporativo, o trabalho era uma coisa que não me deixava viver, que me impedia de me sentir satisfeito, completo, apaixonado. Até a palavra em si carregava uma conotação ruim. Trabalho (*blergh!*). Quando larguei o mundo corporativo, bani completamente o termo. Substantivo, verbo, adjetivo... Passei a evitar todas as variações de *trabalho*. Não ia mais "ao trabalho", então foi fácil eliminar isso do meu vocabulário. Na verdade, eu não "trabalhava" mais; em vez disso, substituía a palavra por um verbo mais específico: "escrevia", "lecionava", "discursava" ou "era voluntário", mas me recusava a "trabalhar". E não ia mais à academia para "trabalhar na minha forma"; em vez disso, "me exercitava". E parei de usar "roupas de trabalho"; no lugar delas, escolhia "roupas arrumadas". E evitava coisas "trabalhosas", preferindo chamá-las de árduas ou estressantes. Caramba, eu driblava até "trabalhos manuais"[92] e "trabalho doméstico", preferindo suas alternativas mais banais. Resumindo, eu não queria saber dessa palavra. Queria não apenas riscá-la do meu dicionário, mas também da memória, apagando qualquer resquício daquilo que tinha me impedido de ir atrás do meu sonho por mais de uma década. Mas, depois de um ano dessa baboseira, percebi uma coisa: não era que o termo fosse ruim; era o significado que eu atribuía a ele. Precisei remover a palavra do meu dia a dia por um ano para descobrir que ela não tinha nada de mau. Durante aquele ano, eu *tinha* ido atrás do meu sonho, e adivinhe: percebi que, na verdade, meu sonho daria muito trabalho. Deu muito trabalho fazer um site crescer. Deu muito trabalho publicar cinco livros. Deu muito trabalho embarcar numa turnê de um canto ao outro do país. Deu muito trabalho dar minha primeira aula de escrita. Deu muito trabalho ir atrás do meu sonho. Trabalhar não era o problema. O que eu fazia como trabalho era. Eu não era apaixonado pelo meu trabalho de antes. Meu trabalho não era minha missão, então eu queria escapar dele para poder levar uma vida mais recompensadora, tentando equilibrar o tédio da labuta diária. Mas o trabalho e a vida não funcionam assim. Mesmo quando estamos indo atrás do nosso sonho, haverá momentos de tédio e estresse e longos períodos de desgaste. Tudo bem. Tudo isso vale a pena no final. Quando o trabalho se torna sua missão de vida, não é mais necessário equilibrar vida e trabalho.

— Você, obviamente, não estava satisfeito com a vida corporativa — comentou Aili.

— Não mesmo. Longe disso. Tenho certeza de que você também tinha dificuldade de encontrar o equilíbrio nos seus tempos corporativos, certo?

— Sim, eu sabia que alguma coisa precisava mudar, mas não fazia ideia do quê.

— O que você fez para descobrir? — perguntei.

— Sem dúvida pareceu loucura para as pessoas à minha volta. Pareceu um pouco louco até para mim. Mas eu sabia que o único jeito de descobrir era reavaliar tudo, mesmo as coisas que estavam tão entranhadas na minha vida que davam a sensação de serem partes de mim.

— Tipo o quê? — indaguei.

— Tipo meu relacionamento de nove anos com o mesmo cara. Tipo minha casa. Meu salário e os benefícios. Minha carreira em ascensão. Meu conceito de sucesso. Minhas suposições sobre como a vida deveria ser. Tudo.

— É difícil fazer isso — comentei.

— Foi mesmo. Mas questionar tudo foi quase como, enfim, enxergar: eu nunca me sentiria feliz ou completa baseada em nada externo. Precisava vir de mim, do meu interior.

— Uma percepção pesada. O que você fez, então?

— Uma a uma, eu me livrei de todas as coisas — respondeu ela. — E debaixo disso tudo descobri algo inesperado.

— O que você descobriu?

— Eu me descobri, o verdadeiro *eu*. Autoaceitação. Conexão. Empoderamento. A felicidade e a animação do aqui e agora — disse Aili, a alegria iluminando seu lindo rosto. O sorriso dela poderia vender coisas.

Quatro horas de conversa assim, e agora ela está sentada na primeira fileira e eu estou no palco, o que me deixa um pouco nervoso.

Essa história de escrever-na-internet é meio mágica. Nunca imaginei que poderia conhecer e me conectar com tantas pessoas incríveis, tanta gente que pensa parecido e tem interesses, valores e crenças similares. Mas aqui estou, aqui estamos, em frente a uma plateia lotada. É um pouco surreal.

Ryan olha para mim e me cutuca depois de ver o espanto em meu rosto. Ele se inclina e, sussurrando, lembra que estas pessoas não estão aqui para *nos* ver, e sim pela mensagem. Nosso tema para esta turnê gira em torno das festas de fim de ano, a época mais estressante para muita gente. As pessoas estão procurando respostas e novas maneiras de olhar para nossa cultura movida pelo consumo. Faço que sim com a cabeça e agradeço. Ryan tem a capacidade de me manter na linha, humilde, com os pés no chão.

O salão está cheio, um pouco apertado, o público se acomodando em seus lugares. Está nevando um pouco pelas meias-janelas atrás do palco, apenas alguns flocos cobrindo as calçadas acima deste porão. Os vidros choram com o calor interno. Ligo o microfone e observo a plateia, evitando contato visual, o que só serviria para me deixar ainda mais nervoso. Tenho tendência a ficar quase cataléptico em frente a um microfone, e leva uns bons dois minutos antes que o salão desapareça — como acontece nos filmes — e eu entre no ritmo. Então, quando começo, é meio como se eu tivesse uma sinestesia gustativa de segunda categoria. Sou capaz de quase sentir o gosto das palavras antes que elas saiam da boca, e aí fica tudo bem.

Inicio minha fala contando uma história sobre uma criança na manhã de Natal:

— No Natal — que será daqui a algumas semanas —, o pequeno Andrew desembrulha um boneco do Transformers, e um sorriso surge em seu rosto quando o grande brinquedo acende e quase ganha vida, piscando, buzinando e deixando os pais de Andy loucos.

"Mas, depois de alguns minutos, Andy descarta o brinquedo e começa a desembrulhar o restante dos presentes, tirando cada caixa de baixo da árvore, uma a uma. Algumas compridas, outras altas; algumas pesadas, outras leves. Cada caixa revela um novo brinquedo. Cada rasgo no papel de presente verde e vermelho, um instante de felicidade.

"Uma hora depois, porém, o pequeno Andy chora, histérico. Se medirmos por sua birra, este foi, sem dúvida, o pior Natal de todos os tempos. Sim, Andrew ganhou muitas das coisas em sua lista, mas está muito mais preocupado com o que não recebeu. Aquele Power Ranger que queria, o videogame que desejava secretamente, o novo computador que todos os amigos estão ganhando. Os brinquedos à sua frente o lembram apenas do que não possui.

"Parece infantil, eu sei, mas não fazemos o mesmo? Não olhamos quase sempre para as coisas à nossa volta e desejamos ter mais? Não cobiçamos o carro novo, as roupas novas, o iPhone novo?"

Muitos na plateia fazem que sim, identificando-se.

— E se Andy ficasse feliz com os brinquedos que tem? E se nós também ficássemos? — pergunto de forma retórica.

Após uma breve pausa, Ryan interrompe:

— Estamos claramente nas garras da temporada de compras de Natal — diz, falando no microfone de mão.

— Olhem em volta. Shoppings lotados de hordas de consumidores. Vitrines decoradas de verde e vermelho. Comerciais natalinos tilintando sem parar. A temporada de fim de ano, gigantesca e midiática, está oficialmente à espreita na esquina. Ela chegou e, se nos basearmos apenas nos outdoors e na sinalização das lojas, talvez acreditemos que precisamos participar.

"Os varejistas se preparam para isso por meses, uma preparação que tem como objetivo estimular seu desejo insaciável por consumo. Ofertas por tempo limitado. Novos produtos. Anúncios gigantescos de duas páginas. TV, rádio, mídia impressa, outdoors. Promoção, promoção, promoção! Descontos para os primeiros compradores. Só por hoje! Aproveite as melhores condições. Leve agora! Enquanto durarem os estoques.

"Joshua e eu gostaríamos, no entanto, de lançar luz sobre essa temporada de compras... *ops*, de festas. Todo ano, nesta mesma época, sentimos aquela nostalgia reconfortante do Natal associada ao começo do inverno. Tiramos do armário os cachecóis, as luvas e os agasalhos. Patinamos no gelo, andamos de trenó e fazemos refeições gostosas com nossos parentes. Tiramos folga do trabalho, passamos tempo com quem amamos e agradecemos pelo dom da vida.

"O problema é que fomos condicionados a associar essa época feliz do ano, as meias, a decoração e as atividades em família, à compra de itens materiais. Todos nós nos treinamos a acreditar que comprar é parte inerente do Natal. Sabemos, contudo, que as festas de fim de ano não precisam de presentes para ter significado. Pelo contrário, essa época é significativa por causa de seu verdadeiro sentido, e não dos embrulhos que colocamos embaixo da árvore. Não estou dizendo que há algo fundamentalmente errado ou ruim em dar presentes nesse período. No entanto, quando comprar presentes vira o ponto focal da temporada, perdemos de vista o que importa de verdade."

— Em vez de nos concentrarmos nas compras — prossegue Ryan —, eu gostaria de incentivar vocês a dar cinco passos rumo a um Natal mais significativo juntos:

"Primeiro passo. Evite lojas em liquidação. Seja na Black Friday, seja em qualquer um dos fins de semana de ofertas que se seguem, é melhor não ir às compras. É importante entender que o consumo é uma sede insaciável. Varejistas, anunciantes e fabricantes sabem muito bem disso, e essas liquidações são projetadas para tirar vantagem do nosso infinito desejo de consumir. Em vez disso, apoie os negócios locais; apoie as pessoas da sua comunidade que fazem a diferença.

"Segundo passo. Presenteie com seu tempo. Se você pudesse ganhar apenas um presente de Natal este ano, o que seria? A resposta para mim é simples: tempo. O melhor presente é a presença. Sabe, as pessoas com quem me importo significam muito mais para mim que um novo par de sapatos ou um novo dispositivo brilhante ou até um carro de luxo com um laçarote enorme em cima. Ainda assim, tentamos dar bens materiais para compensar o tempo que não passamos com quem amamos. Sei disso porque fiz a mesma coisa durante anos. Mas as posses nunca são capazes de compensar o tempo perdido. Da próxima vez que alguém lhe perguntar o que quer de Natal, pense em responder 'Sua presença é o melhor presente que você pode me dar'.

"Terceiro passo. Dê experiências em vez de coisas. Eis uma ideia. E se você decidisse dar apenas experiências este ano? Suas festas não seriam muito mais memoráveis? As experiências compartilhadas constroem e fortalecem os laços entre você e as pessoas de que você gosta. Algumas experiências que valem a pena dar de presente podem incluir ingressos para um show ou uma peça, uma refeição caseira, café da manhã na cama, uma massagem nos pés, uma viagem juntos, ver um pôr do sol de inverno no horizonte. Você não acha que encontraria mais valor nessas experiências do que em presentes materiais? Não acha que as pessoas que você ama também veriam mais valor nisso?

"Quarto passo. Peça presentes de Natal melhores. Eu seria negligente se não debatesse o dom de presentear: o dom de contribuir. Sabe, o velho ditado acaba sendo verdade: é melhor dar que receber. Há alguns meses, pedi de aniversário doações para a Charity Water e arrecadei mais de cinco mil dólares de amigos e parentes para oferecer água limpa para mais de 250 pessoas que antes não tinham acesso. Talvez você possa fazer o mesmo neste Natal. Em vez de presentes, pode pedir às pessoas que doem em seu nome à sua instituição de caridade favorita. A sensação não seria melhor que uma gravata nova, um par de sapatos, uma joia?

"Quinto passo. Chamamos esse passo de Natal do Voluntariado. Você pode fazer o mesmo que nós este ano e doar seu tempo para um restaurante popular, abrigo, distribuição de cestas básicas ou qualquer lugar que precise de voluntários. Este ano, Joshua e eu estaremos em Vancouver no Natal, onde nos juntaremos a um grupo de nossos leitores para doar parte do nosso dia a um espaço que distribui refeições gratuitas e que poderá contar com nossa ajuda. Às vezes precisamos contribuir para ajudar os outros, mas há momentos em que precisamos contribuir para ajudar a nós mesmos. Quando entramos em nossa zona de desconforto e ajudamos alguém, crescemos, experimentamos o mundo de outra forma e adquirimos novas perspectivas para sentir gratidão."

Ryan pausa por um momento para permitir que a mensagem seja absorvida. Dois terços da plateia concordam com vigor, o outro terço parece desconfiado. Ryan pisca com força por causa das luzes no palco e continua:

— Se tudo isso parece um pouco com uma pregação, sinto muito. Não estou aqui para pregar. Não estou dizendo que você *precisa* fazer, ou que você *não deve* fazer nada. A verdade é que sei que muitos de vocês são iguais a mim. Insatisfeitos com o *status quo*, insatisfeitos com o que *devem* fazer da vida, simplesmente insatisfeitos com o jeito que as coisas são. Eu também era assim. Mas isso acontecia porque eu não estava fazendo as perguntas certas...

Ryan continua falando. Zanzamos pelo palco por meia hora, contando nossa história para a plateia, sobre como descobrimos o minimalismo e sobre a Festa do Empacotamento de Ryan. Em seguida, temos uma hora de perguntas e respostas e, então, uma sessão de autógrafos e fotos, e enfim é quase meia-noite e o salão se esvaziou.

Essa jornada toda parece um lindo e gigantesco acidente. Quando Ryan e eu saímos do prédio, exaustos mas também agitados pela adrenalina, avisto Aili e sua amiga Julie esperando perto da entrada principal. O ar de inverno é cruel e gelado, empunhando um ferrão que me lembra quão vivo estou. Nós quatro trocamos abraços e Aili nos pergunta o que faremos a seguir, diz que há um restaurante na rua em que estamos que fica aberto até tarde, será que queremos ir até lá com elas, comer alguma coisa, tomar uns drinques, conversar? Sim, sim, queremos.[93]

Em um momento enquanto comemos, Aili me pergunta se ainda tenho um terno.

— Só o de aniversário — respondo.

— Sério, você se livrou de *todos* os seus ternos?

— Depois de usar terno seis vezes por semana durante muitos anos, resolvi que não queria mais. Nunca mais. Então me livrei deles.

— Perguntei porque também estou pensando em reavaliar meu guarda-roupa.
— Ah, é?
— É, detesto minhas calças sociais. Elas não são *eu*. Ainda assim, fico com elas porque servem e são supostamente *chiques*.
— Tenho uma regra de só possuir roupas que adoro usar — digo.
— Gostei disso. Há pouco tempo pensei qual seria a sensação de só vestir roupas que me ajudem a me sentir meu eu mais autêntico.
— É, bem, você está em uma ótima posição para fazer isso.
— Acho que sim — comenta ela.
— Além disso, tenho certeza de que você gosta mais de vestidos de verão que de calças sociais, certo?
— Você nem imagina.
— Espero que não mesmo — digo. — Eu ficaria horrível de vestido de verão.
— Ah, acho que você ficaria uma graça se tivesse os sapatos certos.
— Obrigado...?
— Por nada. Acho que eu só estava buscando permissão. Sabe, validação.
— Permissão dada.
— Obrigada. Talvez eu passe o dia amanhã me livrando das roupas que não são a minha cara.
— Avise se precisar de apoio emocional quando estiver se desfazendo das suas calças — falo, e imediatamente desejo que existisse um botão de desfazer para a minha boca propensa a falar besteira. — Espera... eu poderia ter dito isso de um jeito melhor.

São quase duas da manhã quando terminamos de comer e conversar. Do lado de fora do restaurante, nuvens amarrotadas quase brancas parecem bolas de algodão esticadas, penduradas no céu noturno, retroiluminadas pelo luar. Uma neve suave cobre nossos ombros, e minha respiração vaporiza o ar em frente a meu rosto enquanto agradecemos a Aili e Julie por seu tempo e seus ouvidos. Abraços e despedidas são trocados, e então elas andam na direção oposta à nossa, duas figuras encolhendo ao longe a cada passo. Em certo momento, não passam de pontos indistinguíveis no horizonte de concreto, e aí desaparecem.

Até nos despedirmos e enfim nos arrastarmos para o apartamento em que estamos hospedados, estou pronto para dormir. Felizmente, uma leitora bondosa permitiu que Ryan e eu ficássemos em seu sofá e no chão da sala. Ryan pega o sofá, e o piso frio de madeira é, bem, frio e duro e de madeira, uma superfície nada gentil em que se possa dormir.

Mas vale a pena. Vale porque a mensagem está se espalhando. Porque pessoas que nunca consideraram o lado mais simples da vida agora estão fazendo perguntas melhores, procurando respostas melhores e buscando contentamento além das coisas materiais. Porque daqui a algumas semanas uma plateia ainda maior comparecerá à última parada de nossa turnê, em Seattle. Porque a mensagem continua a se espalhar.

Em meio aos barulhos das ruas de uma Toronto gelada lá fora e à minha gratidão aqui dentro, dou as boas-vindas ao sono. Chão frio ou não, sinto um calor por dentro.

12 || Retrovisores e para-brisas

Março de 2013

— Todos os meus sapatos são para dançar, e o mundo é minha pista de dança — diz Colin Wright sentado atrás, no banco passageiro. — Mas às vezes tenho que parar de dançar.

Colin está no meio de uma discussão sobre como organiza a mente, falando principalmente com Ryan, que mexe nas unhas no banco do carona.

Estou em silêncio ao volante, ouvindo esses dois bobalhões, o som com o volume no mínimo. A estrada murmura embaixo de nós, ruído branco salpicado de conversa. A rua recua pelo vidro traseiro enquanto o carro nos impele através do sinal verde. Estou dirigindo devagar, tomando cuidado para não acelerar pela vida (minha vida), não desperdiçando mais os verões esperando a neve, os invernos esperando o sol, recebendo cada estação que chega, apreciando o calor do sol, a limpeza da neve.

— Então durante esse tempo você faz tipo *nada*? — indaga Ryan por cima do ombro, a testa franzida.

— Nada — responde Colin.

— Tipo nada mesmo?
— Nadica de nada.
— Mas meu tempo é valioso demais para não fazer nada. Temos só 24 horas por dia.
— Obviamente.
— Então deveríamos aproveitar essas horas o máximo possível, não?
— Acho que você quer dizer que devemos sempre trabalhar duro — diz Colin.
— É, e fazer o possível para aproveitar essas horas ao máximo. Trabalhe duro, divirta-se muito.
— Cortar a embromação. Aumentar a produção. Realizar as coisas.
— Isso mesmo — afirma Ryan.
— Tendo a concordar. — Colin faz uma pausa, e então continua. — E, apesar de nós dois termos propensão à produtividade, acho que podemos ser mais eficientes, e mais produtivos, se fizermos um intervalo de vinte minutos por dia.

Ryan pisca os olhos do banco do carona. O sol de hoje, uma abertura opaca em meio a um teto branco cacheado, está tentando furar o céu espesso acima. Grandes nacos de neve caem no para-brisa e, então, são levados por limpadores esporádicos.

— Chamo isso de meus Vinte Minutos Incríveis — diz Colin.
— Parece um eufemismo.
— Humm, acho que sim, né? De qualquer forma...
— Mas como funciona?
— A ideia toda vem da meditação, da yoga e até da oração, esses exercícios do tipo corpo e mente. Só que são adaptados para o homem moderno.

— Ou mulher — acrescento.
— Meditação? Soa um pouco bicho-grilo para mim — comenta Ryan.
— Talvez — aceita Colin. — Mas não é nada hippie, espiritual, nada assim. Basicamente, eu tiro vinte minutos por dia para ficar sentado, quieto, sem fazer coisa alguma com o corpo. Nada. Nada de jogar xadrez no computador, mandar mensagens, rabiscar ou ver TV. Fico só sentado ou deitado, sozinho, imerso em meus pensamentos, sem distrações. Sem telefone, computador, música. E observo o nada, desfoco o olhar e deixo a mente divagar. Acho que, em geral, meu cérebro perambula pelos itens do dia: coisas como minha lista de afazeres, minha agenda, projetos nos quais estou trabalhando, "será que me lembrei de responder àquele e-mail?" etc., e tudo bem com isso.
— Então tudo bem pegar tangentes?
— Não interessa no que você pensa, só importa saber que tem um tempo para pensar.
— Então para que serve isso?
— Para dar um tempo para si mesmo, ainda mais quando você está sobrecarregado e não quer se sentir assim, ajuda a organizar a mente. *Todo mundo* tem vinte minutos por dia para arrumar a bagunça mental.
— Mas é para *fazer* o quê durante esses vinte minutos?
— Usar o tempo para o que quiser, desde que não se faça nada.
— Há?
— Se você precisar apenas de um tempo para esvaziar a mente e pensar em nada, tudo bem. Se quiser fazer cálculos mentais de impostos, sem problemas também. É o *seu* tempo.

Às vezes eu simplesmente deixo o cérebro vagar em círculos. Mas, em geral, penso primeiro nas minhas responsabilidades, nos projetos em andamento, objetivos de curto e longo prazo, coisas assim. Acontece bastante de me lembrar de alguma coisa que deixei escapar e preciso resolver logo, ou me lembrar de um nome ou de uma ideia que estava tentando encontrar em "modo produtivo" naquele dia. Mas em algum momento os pensamentos vão embora. Depois dos vinte minutos, a bagunça está arrumada e eu me sinto revigorado.

Faz poucos minutos que Ryan e eu pegamos Colin na rodoviária perto do centro de Missoula, Montana. Nós três vamos passar os próximos seis meses juntos em nosso novo QG. Também estamos alugando uma casa aqui, no estilo *Três é demais*. Decidimos que seria prudente trabalhar juntos presencialmente por um tempo — viver no mesmo fuso horário e nos acomodarmos para ralar no negócio que viemos construindo devagar nos últimos oito meses: a Asymmetrical Press.

Na primavera do ano passado, quando Ryan e eu paramos quietos em Ohio por um tempo, entre partes da turnê, Colin estava atravessando a rodovia 48 contígua com uma linda garota islandesa chamada Jona, viajando exclusivamente de ônibus.[94] Quando a lata velha na qual estavam sendo transportados parou no oeste de Dayton, lugar que raramente tenho motivos para visitar, eu os busquei, e passamos quase uma semana juntos. Sem que eu soubesse, boa parte do nosso tempo consistiu em conversas comerciais, durante as quais Colin apresentou uma ideia de negócio para mim e Ryan:[95] com tudo o que havíamos aprendido no mundo dos blogs nos 15 meses anteriores, por que não compartilhar nosso conhecimento coletivo com o mundo?

Enquanto tomávamos café no Press Coffee Bar,[96] Colin pôs em palavras o que já sabíamos: boa parte do mundo editorial de hoje mudou, e é provável que nunca tivéssemos "alcançado o sucesso" se dependêssemos apenas do modelo antigo. Mas aqui estávamos, editores independentes de sucesso, sem nos ajoelharmos diante de ninguém.

O interessante é que eu sempre fiz o tipo faça-você-mesmo, até no mundo corporativo, onde avancei na hierarquia sem diploma universitário ou as qualificações costumeiras. E agora, sem que tivéssemos essa intenção, Ryan e eu éramos bem-sucedidos editores faça-você-mesmo. Conquistamos nosso público sozinhos, portanto não devíamos satisfação a ninguém além de nós mesmos. Sem guardiões, sem intermediários, sem burocracia — apenas nós dois escrevendo para um grande grupo de leitores atentos que encontram valor em nossas palavras.

E eis que entra em cena a Asymmetrical, uma editora para os independentes de coração.[97]

Sou da opinião de que nenhum autor precisa adorar o altar da velha guarda, que os escritores não precisam "se submeter" a ninguém. Todos agora podem publicar por conta própria com sucesso, do início ao fim, controlando cada pedaço do processo. O presente é o momento mais animador da história para ser um escritor. Não estamos mais em dívida com os guardiões; não precisamos mais fazer concessões em nosso ofício. Pela primeira vez na história do mercado editorial, estamos no controle. Sei disso em primeira mão. E nós não somos somente três picaretas que escrevem sobre escrever. Não. Somos um trio que resolveu o problema por conta própria, recusando-se a esperar a permissão de alguém para publicar nosso trabalho. E adivinhe: tivemos sucesso. Somados, já publicamos mais de 12 livros (não ficção, ficção e memórias), vários dos quais foram best-sellers; fizemos turnês internacionais e conquistamos públicos maiores que os de muitos autores publicados pelas vias costumeiras.

Não digo isso para criticar as editoras tradicionais — elas fazem um bom trabalho há muito tempo, e defendem seus autores com unhas e dentes —, mas a gangue e eu estamos sorridentes e animados com o potencial que coisas como os e-books, a impressão sob demanda e a interconectividade das redes sociais trouxeram à tona. Este é um momento de grande incerteza, mas é nessas épocas que novos normais nascem. Publicados pelos meios tradicionais ou não, estamos entrando na era do Autor-Empreendedor.

Nos primeiros oito meses de existência da Asymmetrical, trabalhamos para refinar nosso modelo de negócio, construir a marca e procurar escritores talentosos de hemisférios completamente diferentes.[98] Não foi por acaso que batizamos a empresa de Asymmetrical.* Tudo que fazemos — desde a forma como encaramos as publicações até como lidamos com a distribuição — é um pouco estranho, torto, fora das normas estabelecidas e aceitas. Dito de outra forma: conforme a indústria editorial evolui, também precisamos evoluir.

Faz quatro meses que Ryan e eu nos mudamos de Ohio para nossa cabana nos picos de Montana. Após 120 dias de retiro, estamos saindo de nossa casinha remota para escrever o próximo capítulo da história de nossa vida. Mas continuaremos em

---

* "Assimétrica", em inglês. [*N. da T.*]

Montana, 125 quilômetros a oeste, em Missoula, onde vamos estabelecer nossa nova sede.

Por que Missoula, de todos os lugares do mundo?

Bem, resolvemos encontrar um lar bacana em alguma parte dos Estados Unidos — um espaço onde pudéssemos trabalhar, morar e colaborar com mais facilidade. Para nós, isso ia além de simplesmente começar uma empresa; estamos mais interessados em criar um estilo de vida. Fora do país havia quatro anos, Colin queria uma cidade única e com uma cultura viva, enquanto Ryan e eu desejávamos encontrar um lugar cheio de pessoas animadas e independentes, com queda por uma boa qualidade de vida.

Em nossa busca pela cidade ideal, o que chamou a atenção de nós três em Missoula foi o fato de aqui existir uma cena cultural de um tamanho quase injusto quando comparado ao número de habitantes. É uma cidade de pessoas que não têm medo de abandonar tradições se algo novo fizer mais sentido; um lugar onde, em geral, ideias dogmáticas, frágeis e arraigadas como a política são um pouco mais maleáveis;[99] e ter uma picape enorme e antiga não significa que você é um caubói, enquanto expor em uma galeria não significa que não é. Missoula é uma cidade de pioneiros com um sólido repertório cultural. As pessoas concretizam seus projetos ao mesmo tempo que apreciam a gastronomia, a arte e ideias além daquelas que cultivam nos próprios jardins.[100] Em outras palavras, Missoula é uma enorme cidade pequena, um lugar assimétrico em um estado nascido da assimetria.

Isso sem falar da beleza do lugar. Uma cidade universitária situada às margens dos rios Clark Fork e Bitterroot, na convergência de cinco serras em Montana, Missoula é, hummm, bem... simplesmente linda — assim, indescritivelmente linda — e, portanto, um local inspirador para criar (é, afinal, o cenário inseparável do clássico romance *A River Runs Through It*, de Norman MacLean). Além disso, o custo de vida aqui é relativamente baixo, um fator importante quando se está tentando tocar um negócio sem muitos custos fixos. Sem falar que a Universidade de Montana tem um programa de escrita criativa forte, onde encontramos alguns dos nossos 35 estagiários empolgados para trabalhar conosco enquanto crescemos.

De muitas formas, essa mudança meio que parece um misto estranho de pós-graduação e escola primária.[101]

Há vários jeitos de aprender. Diversos métodos e técnicas, muitas maneiras de adquirir novas habilidades, diferentes professores e mentores com quem se pode obter conhecimento. Uma dessas formas é chamada com frequência de "educação continuada". Programas de mestrado, cursos técnicos e vários seminários e workshops oferecem esse tipo de estudo. Essa abordagem permite que se incremente a educação já existente, construindo em cima de uma base sólida.[102]

Outro jeito é recomeçar do zero. Assim como no jardim de infância, essa forma de aprender é ao mesmo tempo assustadora e empolgante, porque tudo na atmosfera é tão novo, tão vívido, tão incerto e inexplorado. O crescimento ocorre rápido em meio ao terror e à animação da escola primária.[103]

As duas estruturas de aprendizado têm vantagens e desvantagens, claro. Felizmente, no mundo de hoje, podemos ter um pé em cada método, colhendo os frutos do território desconhecido enquanto construímos sobre as bases necessárias a uma vida adulta.

Para Ryan e eu, nossa mudança recente para Montana com Colin é tanto escola primária quanto pós-graduação. Estamos construindo em cima de uma estrutura sólida, segura, de dois anos,[104] mas também temos os braços abertos para a incerteza de um novo lugar com pessoas diferentes,[105] um novo negócio e novas práticas e rotinas diárias que darão forma ao nosso crescimento de jeitos notáveis.

A escola primária pode ser aterrorizante, mas crescemos através do medo. No fim das contas, vencemos quando nossos sonhos ultrapassam a barreira dos nossos medos.

Em algum momento vamos terminar o jardim de infância. O que é novo e empolgante/aterrorizante hoje logo se tornará cotidiano, apenas mais uma parte do dia a dia. Quando isso acontecer, precisaremos passar para a próxima atividade de escola primária se quisermos continuar crescendo. Sem crescimento, as pessoas atrofiam: se esvaem e, de forma significativa, morrem por dentro. Por isso, precisamos seguir encontrando novas maneiras de crescer, novas escolas primárias para frequentar.

Nosso bairro novo é tão silencioso que é assustador, algo que eu não esperava no distrito universitário. O piso de madeira da nossa casa range, a tinta está fresca e há mais espaço de armazenamento do que qualquer um de nós precisa. Em nossa primeira semana nesta cidade, o frio do inverno ainda se agarra ao ar enquanto encontramos camas para o nosso lar, mesas e móveis básicos de escritório para nosso novo espaço de trabalho, logo do outro lado da universidade, a pouco mais de um quilômetro a pé de casa.

No que diz respeito a itens pessoais, levo pouquíssimo tempo para desempacotar tudo, inclusive meu telefone simples vermelho, um aparelho fixo que tenho há no mínimo dez anos.

O problema com os lares, no entanto, é que, quando fazemos morada por muito tempo, é fácil acumular um monte de tralha desnecessária. Construí minha primeira casa aos 22 anos, feito que parece ridículo agora, mas o tamanho do lugar era ainda mais ridículo.

Com demasiada frequência, pensamos que temos de preencher todo o espaço, cada pedaço, quina e canto escondido repleto de supostos adornos. Acreditamos que, se estiver quase vazio, um cômodo é subutilizado. Então compramos coisas — reproduções de pinturas bobas, quinquilharias decorativas e mobília — para preencher o abismo. No fim das contas, estamos tentando estabelecer o lugar em que moramos como nosso *lar*, uma extensão de nós mesmos. Então a lógica é: quanto mais eu comprar, mas este espaço será *meu* lar.

O problema com essa linha de pensamento é que ela é tortuosa e não tem fim. Um lar é um lar por um motivo: nós o chamamos assim. Objetos não o transformam no *seu* lar — você o faz.

Contudo, às vezes ter um lembrete ajuda, o que significa que eu gosto de ter um objeto exposto em lugar de destaque — apenas um —, algo único que me lembra que estou em casa. Para mim, esse objeto único é um telefone vermelho, uma relíquia de meus 12 anos na indústria telefônica. Ele tem um design simples e bonito que se destaca,[106] e sempre que o vejo sei que estou no meu lar.

Para outra pessoa, o telefone vermelho pode ser uma pintura exclusiva, uma fotografia, um desenho de criança emoldurado. Quando temos um único lembrete de casa, tudo o mais começa a parecer supérfluo, até bobo.

Estou na fila na minha cafeteria preferida, cercado por aromas e sons. Faz umas seis semanas que moro em Missoula, e meus companheiros e eu estamos adorando.

Uma música animada de guitarra elétrica e percussão leve ocupa a atmosfera ao meu redor, uma canção de Andy Davis, e eu canto junto — *It's a goooo-oood life; it's a good, good life** — como um idiota fora do tom, desafinando a cada duas notas, murmurando as partes da letra que não sei enquanto observo através da grande janela à esquerda, olhando para o vazio da manhã.

Um Volkswagen azul-marinho, parecido com o de Colleen, tenta estacionar na rua coberta de neve lá fora. É a primeira semana da primavera, mas Missoula ainda não entendeu o recado. Tudo lá fora está coberto de branco, tão limpo e absoluto.

Sinto cheiro de café. O aroma simples é uma experiência quase religiosa. O gerente da cafeteria, Jerod, está sentado atrás de uma grande e brilhosa máquina de espresso, manejando os controles de nível militar, puxando e girando alavancas e botões a intervalos precisos, enquanto o aparelho mastodôntico emite ruídos de trituração e oscilação associados ao bom café. Imagino que Jerod tenha mais de um diploma de engenharia. A cena toda é impressionante do jeito que um adolescente fazendo break dance na rua é impressionante; é completamente estranho para mim, mas fico hipnotizado. Como não ficar?

O rosto das pessoas muda, fica visivelmente iluminado, quando elas entram no salão principal da cafeteria, batendo os pés para tirar a neve dos sapatos e espanando flocos derretidos

---

* "É uma boa vida; é uma boa, boa vida", em tradução livre. [*N. da E.*]

dos casacos. As posturas se autocorrigem sob o pé-direito alto; a altura média de cada cliente parece aumentar alguns centímetros enquanto esperam na fila, banhados pela luz natural e pelo aroma de café.

Jerod faz o melhor café Americano de Montana — o melhor. Atrás da máquina, ele usa um terno de três peças e tem um olhar contemplativo que diz que leva seu café a sério, mas não a ponto de não saber se divertir. Se eu tentasse imitar essa expressão, os clientes atrás de mim sem dúvida chamariam uma ambulância, achando que estou sofrendo um derrame leve, mas Jerod a alcança com total confiança, um profissional entre os profissionais, alegre com seu trabalho.

É minha vez de pedir: Americano, preto. A garota de cabelo castanho no caixa exibe um sorriso que eu gostaria de emoldurar. É atraente de um jeito intimidador, então procuro algo inteligente para falar quando ela me perguntar como estou. Mas não tenho nada, nem uma palavra: minha boca, uma bainha sem espada, um livro sem páginas. Pego a carteira para pagar, tirando algumas notas do meu maço fino. Nem cogito usar o cartão de crédito — não mais, pelo menos. A neve mantém tudo calmo para além das janelas, flocos enormes como grandes lascas de tinta branca descascando do céu. Dinheiro — não um cartão de débito, mas dinheiro vivo — é a única moeda que uso hoje em dia; é mais difícil dá-lo, o que me faz refletir sobre cada compra. Todo dólar de que me separo é como se estivesse me separando de um dólar da minha liberdade. Coloco um dólar no pote escrito "dar gorjeta é sexy" e sorrio para a morena.

Mas nem sempre fui assim (bem, sempre sorri para morenas, mas nem sempre fui responsável com o dinheiro).

Vou fazer 32 anos daqui a alguns meses, e pela primeira vez na minha vida adulta estou livre de dívidas. Para mim, é estranho poder dizer isso. Olha, desde os meus 18 anos — quando o Chase Bank me concedeu minha primeira linha de crédito, um MasterCard com limite de cinco mil dólares — até o mês passado, quase 14 anos depois, tive algum tipo de dívida. Conforme os anos se acumulavam, minha conta com os credores acompanhava.

No começo era só aquele cartão de crédito, mas aí, quando estourei o limite, passaram a ser dois cartões. E depois três. Visa, MasterCard, até Discover (a American Express não foi irresponsável o suficiente para me dar crédito, ao menos não por vários anos).

Mas tudo bem, eu era "bem-sucedido", então podia bancar, certo? Infelizmente, nunca fui muito bom em matemática. Talvez eu devesse ter financiado uma calculadora antes de estourar o limite de seis cartões de crédito.

Aos 28 anos, após uma década de acumulação, quando minha mãe começou a morrer, fui forçado a olhar para todas as coisas que me cercavam. Elas estavam por toda parte. Minha casa estava cheia de objetos que eu comprara na tentativa de encontrar a felicidade. Cada item tinha trazido um espasmo de empolgação na fila do caixa, mas a animação sempre diminuía logo após cada compra. Quando a fatura dos cartões de crédito chegava, eu estava imerso em culpa, um tipo estranho de arrependimento por comprar. E então fazia tudo de novo, mergulhando na espuma do consumo, à procura de algo que parecesse felicidade, um conceito esquivo que se afastava cada vez mais à medida que eu o perseguia.

Em dado momento, a felicidade era apenas uma mancha no horizonte, bem ao longe. Quanto mais eu me aproximava, mais precisava percorrer. Acontece que eu estava correndo o mais rápido possível na direção errada. *Ops.* Os objetos não estavam cumprindo seu dever; não estavam me deixando feliz. A depressão tomou conta quando eu não tinha mais tempo para uma vida fora do trabalho, labutando oitenta horas por semana apenas para pagar as coisas que não me faziam feliz. Não tinha tempo para nada que queria fazer: escrever, ler, relaxar, cuidar de meus relacionamentos mais próximos. Não tinha tempo nem para tomar um café com um amigo, ouvir suas histórias. Percebi que não controlava meu tempo, portanto não controlava minha vida. Foi uma percepção chocante.

O que fiz com essa revelação, porém, é muito mais importante que a revelação em si. Cara a cara com a epifania, dei meia-volta e comecei a andar — não correr — na direção certa.

Passei dois anos vivendo sob novos padrões de gastos — meu Plano de Dívidas do Macarrão Instantâneo, cortando todos os meus desejos e gostos não essenciais no caminho;[107] vendi a casa enorme (com uma significativa perda pós-crise econômica) e me mudei para um apartamento pequeno; quitei o carro e continuei a dirigir sem pensar em comprar um novo; cortei os cartões de crédito e comecei a pagar tudo em dinheiro; e passei a comprar apenas o necessário.

No fim das contas, descobri que realmente precisava de muito menos do que pensava. Pela primeira vez na vida, consegui enxergar a felicidade se aproximando mais e mais conforme eu me afastava das coisas que achava que me fariam feliz e andava em direção à verdadeira felicidade. Meus amigos e minha família começaram a perceber meu comportamento diferente também. Com o tempo, a vida ficou mais calma, menos estressante, mais simples.

Passei um tempo pagando as dívidas, de pouco em pouco, mês a mês, conta a conta, me livrando de tudo que era supérfluo, para que pudesse estar menos preso a meu salário, menos amarrado a um emprego que consumia todo o meu tempo. Foi uma longa estrada. Precisei de dois anos de foco total para eliminar oitenta por cento das dívidas, e, depois que abandonei minha carreira, tive um corte grande na receita, mas continuei concentrado em sair do vermelho, passando mais dois anos para varrer os vinte por cento restantes, nunca perdendo de vista a liberdade que se escondia atrás deles.

Hoje, estou sentado a uma mesa perto da janela, tomando um café que paguei com dinheiro vivo, folheando o *Missoulian* (que também paguei em dinheiro). Levanto os olhos das páginas de tempos em tempos, observando as ruas brancas serem cobertas por mais branco. Aqui é como o oposto de um filme de Hitchcock: tudo é esperança e promessa, uma linda desintoxicação. Em certo momento, vejo Ryan entrar no café, um enorme sorriso bobo no rosto, coberto de neve até as sobrancelhas, o cabelo bagunçado. Ele parece ter uma boa história para contar. Estou esperando para ouvir. Tenho tempo.

Assim que ele se senta, meu celular toca. Quando o tiro do bolso, a foto de Colleen, com seus cachos indomados e grandes olhos azuis, aparece na tela. Não nos falamos há meses. Meu coração acelera enquanto meu dedo aperta o botão verde de ACEITAR.

— Alô?
— Oi. Podemos conversar?

Dadas as convenções-padrão das narrativas, este capítulo provavelmente deveria ser a parte do livro em que tudo culmina em uma crescente de êxtase e bênção — o clímax seguido pelo final que une todas as pontas soltas. Mas não é. A vida real não é estruturada assim. Pelo menos a *minha* não é; ela não seguiu um arco narrativo tradicional. Se este livro tiver mesmo um clímax, então é provável que tenha ocorrido próximo ao Capítulo 7. O clímax da *minha* história, porém, não está nestas páginas. Minha vida vai atingir o ápice em algum lugar à direita da moldura, muitas páginas além dos limites impostos pela capa e contracapa deste livro. Assim é a vida real. Minha vida.

E a sua também, porque você também está aqui, esteve aqui o tempo todo, uma mosca observando minha jornada, que é na verdade a *nossa* jornada, porque de tantas maneiras somos os mesmos.

Agora, eu gostaria que você imaginasse sua vida daqui a um ano. Dois anos. Cinco. Imagine levar uma vida mais saudável, em que você não apenas pareça melhor, mas se *sinta* melhor. Imagine uma vida com padrões mais altos. Uma vida com menos acumulação, menos coisas, menos dívidas, menos descontentamento. Qual seria a sensação? Agora imagine sua vida com mais — mais tempo, mais contribuição, mais alegria. Imagine relacionamentos melhores, mais interessantes. Imagine compartilhar refeições, conversas, experiências e sorrisos com as pessoas que têm interesses, valores e crenças semelhantes aos seus. Imagine crescer com seu grupo de colegas e pessoas que ama. Agora imagine cultivar sua paixão até não conseguir imaginar um dia sem se dedicar a ela. Imagine criar mais do que consome. Imagine dar mais do que recebe. Imagine um compromisso firme com o crescimento. Imagine crescer rumo a seus limites e, então, para além dos seus limites, e depois olhar para trás e acenar, sorrindo. Imagine ainda ter problemas, mas problemas *melhores*, problemas que servem de combustível para seu crescimento e sua empolgação, problemas que você quer enfrentar. Imagine tirar todos os obstáculos do caminho para poder amar as pessoas mais próximas. Imagine as infinitas formas de expressar seu amor, não apenas dizer, mas de fato *demonstrá-lo*. Imagine ficar de mãos dadas e abraçar. Imagine fazer amor com o homem ou a mulher que ama, livre das armadilhas do mundo barulhento à sua volta, completamente no momento, dois corpos, carne e corações como um só. Imagine tornar suas prioridades suas Verdadeiras Prioridades. Imagine o sucesso de verdade. Imagine se sentir mais leve, mais livre, mais feliz.

O que você está imaginando é uma vida com significado. Não uma vida perfeita, nem fácil, mas simples. Ainda haverá dificuldades, dores e momentos em que voltar ao velho mundo passivo é atraente, mas você não precisará fazer isso. Porque a verdadeira recompensa vale a luta. Com frequência demais tentamos nos agarrar à vida que já nos deixou, mas, quando nos livramos do excesso, descobrimos que já somos perfeitos, agora mesmo, belos até a medula.

Claro, há destroços no meu retrovisor, enganos e decisões erradas espalhados pela paisagem. Tudo bem. Minhas falhas compõem as melhores partes de mim. E tenho certeza de que haverá muitas manchas na jornada à frente. Mas tudo bem. A paisagem da vida é cheia de topos e vales. Enquanto andamos de um topo ao outro, é importante encontrar formas de aproveitar a caminhada entre eles.

Não sei onde estarei daqui a um ano. Dois anos. Cinco. Onde quer que esteja, será intencional, deliberado, significativo. Talvez eu crie raízes aqui em Montana e veja o que nasce. Talvez vá para o leste, de volta ao meio-oeste dos Estados Unidos, e redescubra sua beleza de uma perspectiva nova e mais madura. Talvez viaje para o norte, ultrapassando a fronteira invisível com o Canadá, e experimente a vida lá por um tempo. Talvez eu vá ainda mais para o oeste e experimente as praias da Califórnia, as ondas, a areia e o clima. Ou talvez eu siga para o sul, *bem* ao sul, até, digamos, a Costa Rica, e encontre algo ou alguém inesperado em meio às montanhas. Independentemente de onde minha jornada me levar, uma coisa é certa: estou pronto para tudo que resta.[108]

Notas finais, por Ryan Nicodemus

1 Tipo esta. Aliás, quero dar oi enquanto você está por aqui. Valeu por folhear o livro até o final para me visitar. Como você pode ver, Joshua relegou minhas palavras e sua fonte pequena ao fundo do ônibus, onde você vai me encontrar durante toda a nossa jornada, então talvez seja melhor usar dois marcadores de livro enquanto lê. Mas, independentemente do que você fizer, por favor, não me deixe sozinho aqui. Eu me sinto solitário às vezes.

2 E para evitar reclamações *sobre* eles também.

3 Quando Joshua diz "histórias e conversas", acho que ele está falando sobre o fato de boa parte da sintaxe deste livro seguir o tom de pensamentos conforme você se aproxima da consciência do autor/narrador.

    Enquanto escrevíamos, quisemos manter uma sensação de oralidade, de palavras que se embolam, ditas em voz alta. Assim, em alguns momentos você vai encontrar frases longas demais, construções na voz passiva, tempos verbais progressivos, contrações pouco convencionais, conjunções compostas, palavras compostas que não são necessariamente palavras "de verdade" (por exemplo, "saladeestar", "manteigadeamendoim", "adesivodecarro", "mesadejantar"), e outros erros gramaticais propositais na escrita. Esses recursos de estilo são usados para avançar na narrativa de um jeito significativo, mais realista; elas também (tomara) ajudam a moldar o tom coloquial do livro.

4 Oi! Foi mal, o trânsito estava ruim.

5 Fico com vontade de gritar "Silêncio!" para o nada, mas essa ordem seria irônica demais.

6 Eu também tive uma família problemática — antes de a palavra *problemática* entrar na moda.

7 Faz pouco tempo que passei pela casa. Está abandonada, as janelas fechadas com tábuas.

8 Ahh, então foi assim que o seu TOC começou.

9 Ah, sim, o "sonho americano". Felicidade: quanto mais você compra, mais ela aparece.

10 Um dos? Que tal *o* melhor? Conta a história direito, Millie.

11 Qualquer pessoa que ache que vai trabalhar menos depois de ser promovido está criando uma expectativa errada, que só vai causar tristeza e decepção com o passar do tempo.

12 A obra original de Joshua Fields Millburn. Aposto que não vai valer nada um dia.

13 Você é tipo um Sherlock Holmes moderno.

14 Uma boa notícia para mim. Eu não estava pronto para outra temporada do famoso show *Ryan e Joshua carregam coisas pesadas*.

15 *Getting Things Done* [fazer as coisas acontecerem, em tradução livre]. É um termo idiota sobre produtividade do nosso mundo corporativo cheio de siglas.

16 Quando Joshua ligou para mim, achei que ele quisesse ajuda para montar um bufê de comida. Imagine minha decepção quando cheguei e descobri que a gente iria construir uma mesa estreita.

17 Sejamos sinceros: atrasado para a festa das redes sociais, Joshua criou contas no Twitter, Facebook e, hum, MySpace no mesmo dia.

18 Caramba, Millie. Você ficou interessado? E também: juba louro--escura? Eu sou cego? Sempre achei que o cabelo dele tem cor de terra recém-revirada iluminada pelo sol.

19 "Estilo de vida sensual, digno de filme" são palavras de Joshua, não de Colin, apesar de parecerem adequadas, já que produtoras de Hollywood já fizeram ofertas para transformar a vida dele em um filme.

20 A esta altura você já deve ter percebido que só o apresentador e Colin falam; a coapresentadora não deu um pio. Parece que ela é muda ou obrigada por contrato a não falar.

21 Você ainda usava o Yahoo! em 2009? Por que não abrir o DogPile ou o AskJeeves logo de uma vez!?
22 Nunca te vi usar chapéu.
23 Anos depois, sempre que fazemos uma turnê de livros, é fácil identificar na plateia as pessoas que estão cumprindo o desafio do *Project 333*: elas sempre são as mais bem-vestidas no salão. A simplicidade nunca sai de moda, apesar de ficar fora das capas de revista.
24 *Popular* talvez seja um eufemismo. *Zen Habits* é o blog mais acessado no mundo segundo a revista *Time*.
25 O fato de você ter quebrado uma vértebra no nosso primeiro ano do ensino médio não ajudou.
26 Não sou grande adepto do *feng shui*, mas, como um cara do meio-oeste dos Estados Unidos relativamente "normal", um cômodo limpo acaba sendo um espaço mais produtivo para trabalhar e mais divertido para viver.
27 Isso tudo, naturalmente, não é tão fácil quanto parece. Mas, por outro lado, é mais simples do que você imagina. Quando conseguimos associar sofrimento suficiente com a chama, ganhamos o impulso necessário para mudar.
28 Duas mulheres? Eu amo e odeio esse cara ao mesmo tempo.
29 O primeiro encontro de Colin + Joshua, que bromântico.
30 Ei, você sabe quanto pesa um hipster? Um instagrama.
31 Você se esqueceu de mencionar que ele tem olhos azuis deslumbrantes.
32 No fim das contas, esses são só os blogs mais populares.
33 Eu era mesmo tão babaca assim na minha época corporativa?
34 Apesar de essa conversa com certeza ter acontecido, na verdade ela ocorreu alguns dias depois, quando levei Joshua para comer um sanduíche de trinta centímetros do Subway por cinco dólares (de nada, Millie).
35 Menos paciente? Eu prefiro dizer que sou mais "voltado para a ação".
36 Na verdade, Joshua teve a ideia de *encaixotar*, e eu tive a ideia da *festa*. Quer dizer, fala sério: quando a gente acopla a palavra "festa" a qualquer coisa, tudo fica instantaneamente mais divertido, né?

37 Ei, mas eu tenho um gato!
38 Deve dar pra fazer uma piadinha de sexo com isso.
39 Apesar de eu não pretender me mudar. Afinal, ainda preciso pagar minha hipoteca.
40 Achei que a gente tinha concordado que ia deixar esse pequeno "detalhe" fora do livro.
41 Então o que você quer dizer é que funciona cem por cento das vezes em, hum, 97 por cento das vezes?
42 Eu queria muito que você tivesse mudado o nome dela.
43 Passei as três semanas seguintes tirando das caixas apenas as coisas de que precisava, separando um momento todas as noites para escrever sobre a experiência. A seguir, alguns fragmentos da minha jornada de 21 dias:

    Dia 1: Ontem à noite, antes de dormir, peguei minha escova de dentes e meu sabonete de rosto. Também "tirei da caixa" minha cama, um conjunto de lençóis e uma coberta. Além disso: as tigelas do O'Malley, sua comida e um brinquedo. (Se vou tentar essa história de minimalismo, meu gato também vai, droga!) Então, hoje cedo, antes do trabalho, peguei uma toalha e alguns produtos, tipo xampu, sabonete, lâmina de barbear etc., junto com itens básicos: um terno, uma camisa social, gravata, meias, sapatos, cinto. Entretanto, fiquei chocado ao notar que as três primeiras coisas que desempacotei depois de voltar de um longo dia de trabalho eram... meu sofá, a televisão e a internet. Assim que cheguei, tirei o lençol do sofá e da televisão, e então peguei o modem sem fio, liguei na tomada e configurei. É meio vergonhoso ter ido atrás das coisas que me distraem primeiro. Ah, bom, pelo menos ninguém vai ler isto.

    Dia 2: Acordei hoje e pensei "Por que meu apartamento está com esse eco estranho?". É sério. O som mudou aqui dentro. É um silêncio estranho. O som do minimalismo?

    Dia 3: Até agora, não desempacotei tanta coisa quanto imaginava. Alguns pratos. Uma panela e uma frigideira. Alguns utensílios de cozinha. Dois ternos (agora percebo quanto detesto usar terno pra trabalhar todo dia). Alguns produtos de limpeza. Do que mais eu preciso?

Dia 4: Além do novo eco, meu apartamento também parece diferente. Com uma "organização militar" é a melhor forma de descrever. Noventa por cento do meu lixo — tudo que tenho — está dentro de caixas numa sala, e eu me sinto bem com isso. Também me sinto ansioso e, mais importante, menos atordoado. Talvez essa história de *feng shui* funcione mesmo.

Dia 5: Onde raios está minha caneca favorita?!!!

Dia 6: Depois de levar nove sacos até a calçada para o lixeiro levar, tomei água e lavei o copo logo depois (o que é diferente, levando em consideração que geralmente eu o colocaria no lava-louça e depois usaria outro copo quando precisasse). Isso me fez perceber como sou preguiçoso. Sério. Meu lava-louça leva uma hora pra completar um ciclo. Se eu simplesmente lavasse a louça, levaria cinco minutos. Vale a pena fazer isso, levando em consideração que economizo apenas cinco minutos quando deixo o lava-louça fazer o trabalho por mim, sem contar quanto custa manter a máquina?

Dia 7: O'Malley parece estar gostando mais do seu brinquedo do que antes, agora que ele é o único que tem.

Dia 8: Mal toquei na maioria dos objetos que empacotei há uma semana. É meio esquisito. Achei que estaria tirando mais coisas das caixas.

Dia 9: Tempo e dinheiro: com frequência, agimos como se tivéssemos mais dinheiro do que tempo. Isso é quase uma norma social hoje em dia. Mas nem sempre foi assim. Duas décadas atrás, a maioria das pessoas tinha menos dinheiro e mais tempo, e elas sabiam disso. Hoje, essa tendência mudou; atualmente, as pessoas se veem com mais dinheiro do que tempo — ou, pelo menos, com mais dinheiro imaginado (na forma de cartões de crédito). O lava-louça de alguns dias atrás é um bom exemplo desse fenômeno. Ele oferece cinco minutos de tempo, algo que, obviamente, acho mais valioso do que o dinheiro que pago pra manter a máquina (e o dinheiro que paguei por ela). Acho que essa é uma das coisas que o minimalismo almeja: que você recupere seu tempo. Tempo pra fazer qualquer coisa. Tempo para lavar louça, tempo para fazer *snowboard*, tempo pra fazer *wakeboard* (qual foi a última vez que estive no lago Cumberland?), tempo para ajudar os mais necessitados, tempo para...

Dia 10: Hoje não tirei nada das caixas. Preciso escrever isso de novo: Hoje. Não. Tirei. Nada. Das. Caixas. Nada mesmo. Será que já tenho tudo de que preciso?

Dia 11: Está esfriando — desempacotei um casaco.

Dia 12: Por que eu nunca parei para pensar sobre as minhas crenças — e de onde elas vieram? Não as crenças religiosas que meu pai me obrigava a ter na infância, mas todas as minhas crenças no geral. A soma de tudo em que acredito. Estou falando da casa que todos acreditamos precisar, as duas crianças e meia que acreditamos ter de colocar no mundo, os dois carros que acreditamos ser necessários para realizar o "sonho americano". Não sei de onde todas as minhas crenças vieram, mas estou descobrindo que muitas delas são idiotices completas. Estou descobrindo que o meu apartamento, com todas as merdas dentro dele e todas as caixas que enchi, não é tão importante quanto acreditei um dia. Desempacotei cerca de dez ou 15 por cento dos meus pertences até agora. Estou muito surpreso, porque, quando comecei a guardar tudo, achei que muitas coisas ali realmente não podiam ser jogadas fora. Eu acreditava nisso de verdade. E, mesmo assim, ali estão quase todas as caixas. Paradas. Fechadas. Sem uso. Por enquanto, minha jornada não só abriu os olhos para as coisas que eu tenho, mas também para outras questões. Meus amigos. Meus hábitos. Meu emprego. Meu apartamento. Minha dieta. Minha saúde. Minha família. Meus pensamentos... Quando se trata de amigos, nós crescemos em uma sociedade em que a imagem é tudo (lembra daquele comercial da Sprite?), e, para termos uma imagem "legal", precisamos andar com as pessoas certas. Minha irmã adolescente, por exemplo, tem metade da minha idade e só começou o ensino médio agora. Como a maioria dos alunos do primeiro ano, sua maior preocupação são as pessoas que gostam ou desgostam dela. Detesto falar como o meu avô, mas, se eu soubesse naquela época o que sei agora, eu não sentiria tanto medo — nem ela. Minha irmã perceberia que suas crenças sobre ser legal não vão ajudá-la a terminar a escola nem a tomar decisões certas. Ela também acredita que precisa ser igual aos outros para ser aceita. Eu pensava da mesma forma quando tinha a idade dela, o que é bem triste ao olhar para trás, porque percebo que deixei meus amigos moldarem meus hábitos (fumar maconha, cigarros, beber, usar drogas etc.). E então existem as crenças sobre o meu trabalho... Quando me formei no ensino médio, fui trabalhar na pequena empresa de pintura/instalação de papel de parede do meu pai. A ideia era que eu um dia assumisse o negócio da família. Nós atendíamos a casas que valiam muitos milhões de dólares, e me dei conta de que o serviço de pintura e instalação de papel de parede jamais me permitiria bancar as mansões em que eu trabalhava. Então larguei o negócio da família depois de quatro anos e arrumei um emprego como vendedor na Broadspan. Assim que recebi meu primeiro cheque de comissão, soube que estava no caminho para ganhar seis dígitos por ano, e falei para mim mesmo que, quando chegasse nesse ponto, tudo ficaria bem. Eu acreditava que tudo ficaria bem. E acreditei nisso pelos últimos sete anos, apenas para me dar conta de que, a menos que eu esteja satisfeito com o que tenho agora, dinheiro nenhum vai me trazer felicidade. Essa é a minha nova crença, mas, depois de conhecer muitas pessoas felizes, sei que é verdade. Sabe o que mais é verdade? Nós criamos nossas crenças. Nossos amigos, nossos hábitos, nosso trabalho, nossa felicidade, tudo isso só depende de nós. Precisamos fazer nossas escolhas com cuidado.

Dia 13: É fantástico perceber que não precisamos das coisas que acreditamos precisar. E é igualmente maravilhoso pensar no verdadeiro valor dessas coisas. O lava-louça de alguns dias atrás é um exemplo (um exemplo não tão bom, mas me fez pensar no meu relacionamento com tempo/dinheiro, uma coisa que é importante). Mas tudo que compramos carrega custos extras — não apenas o preço na etiqueta. Nossas posses custam dinheiro, que custam nosso tempo para ser recebido. E então nos custam mais tempo para cuidar delas (por exemplo, limpar a casa, consertar o carro, limpar os móveis etc.). Elas ocupam espaço em casa, o que exige mais dinheiro, porque precisamos de mais metros quadrados só para guardar todas as nossas merdas.

Dia 14: Aquela bugiganga eletrônica que eu queria tanto seis meses atrás? O GPS que nunca uso! Antes de eu guardá-lo na caixa, ele devia estar largado em uma gaveta ou em um armário — fechado. Não pensei em desempacotá-lo nem uma única vez.

Dia 15: Aquela camisa de que eu "precisava" na última estação? Não conseguiria viver sem ela, né? Bom, continua na caixa.

Dia 16: [Sem registros.]

Dia 17: Hoje estou encarando meu carro novo. Ele é bonito, é novo, tem todas as modernidades. Ótimo, né? Quantas parcelas ainda faltam? Só 57! Pelo menos ele tem bancos de couro que aquecem minha bunda no longo trajeto até o trabalho em que passo onze horas por dia — e para onde serei obrigado a voltar amanhã, para conseguir pagar as contas.

Dia 18: Hoje entrei na Amazon e comprei o scanner Pandigital PhotoLink One Touch que Joshua recomendou. Vou passar o fim de semana digitalizando tudo que conseguir: documentos e arquivos antigos, CDs e DVDs e aquelas três caixas de fotos, que podem ser colocadas em porta-retratos digitais em vez de armazenadas na minha garagem.

Dia 19: Escanear essas coisas todas e organizá-las no meu HD é libertador. Além do mais, sei que tudo tem backup, o que é ótimo, porque minhas cópias físicas, que logo vão para o lixo, nunca tiveram backup nenhum.

Dia 20: Outro dia se passou sem eu tirar nada das caixas. Nadica de nada.

Dia 21: É hoje. O último dia. Oitenta por cento das minhas coisas continua nas caixas — esquecidas. O que eu aprendi, no fim das contas, é que são apenas coisas. E não preciso da maioria delas. Mas não sou uma pessoa ruim só porque elas são minhas — isso só significa que minhas prioridades estavam confusas por um tempo. No mínimo, acho que o processo todo me ajudou a bolar novas prioridades. Ele me ajudou a me concentrar naquilo que importa. É loucura ver todas as coisas que estão empacotadas, coisas que nunca uso. Simplesmente não preciso delas. Além de um punhado de itens sazonais (estamos em Ohio, afinal de contas), vou jogar fora tudo que continua naquelas pilhas de caixas na minha saladeestar. Tudo. O que me faz perceber que, com menos coisas, não vou precisar do mesmo salário, e, se não estou preso ao meu salário, talvez eu possa fazer alguma coisa diferente, algo que eu ame.

44 No fim das contas, aquele clichê é verdade: quanto mais a gente tem, mais tem a perder.

45 Estar satisfeito com a mediocridade nos faz abrir mão daquilo que realmente queremos da vida, então nos conformamos, passando a preferir o que é "seguro". Mas se acomodar devia ser encarado como algo negativo: uma criatura marinha *se acomoda* no fundo do oceano quando morre, e lá fica, acomodada, morta, em meio a outros mortos.

46 Odeio quando dizem "Trabalhe com o que você ama, e você nunca vai trabalhar na vida", porque passa uma impressão errada. Seguir sua missão requer muito trabalho pesado e uma dedicação insana.

47 Eu tinha uma amiga na escola. Os pais dela eram muito rígidos, criavam regras que pareciam loucura para a minha versão adolescente. Por exemplo, se ela deixasse suas roupas no chão por mais de um dia, sua mãe as jogava fora. Parece exagerado, né? Talvez fosse. Mas adivinha só? Ela parou de jogar as roupas no chão depois que sua calça jeans favorita foi parar na lixeira.

E se a gente fizesse a mesma coisa com a nossa vida? E se a gente seguisse um conjunto de regras próprio? A vida não passa de regras, de um jeito ou de outro. Infelizmente, a maioria delas tira o nosso poder: se eu ganhar um milhão de dólares, vou ser feliz. Se eu for promovido, vou trabalhar mais. Se alguém não gostar de mim, vou ficar magoado. Na maior parte das vezes, nossas regras não passam de possibilidades debilitantes. Talvez seja hora de criar outras. Hoje. Regras que nos empoderem. Regras que nos ajudem a crescer em longo prazo, como: se eu acordar hoje, posso ser feliz. Se eu me exercitar hoje, vou me sentir mais confiante. Se eu passar mais tempo com as pessoas que amo hoje, vou contribuir para o nosso relacionamento de um jeito significativo. Se eu sair da minha zona de conforto hoje, vou crescer.

O segredo é seguir as regras independentemente de qualquer coisa. Chuva, granizo, neve, nevasca, precisamos seguir as regras que criamos. Contanto que nossas regras nos empoderem, vamos ficar felizes por fazer isso.

48 É uma coisa regional. Muita gente no sul de Ohio fala assim.

49 (Aplausos começam lentamente.)

50 O que é legal porque... digamos que você queira receber mais de seis pessoas. É possível: descobri que as pessoas estão mais do que dispostas a levar o prato delas, e o inusitado da situação tende a fazê-las sorrir.

51 Você pode fazer um tour fotográfico do apartamento minimalista de Joshua em themins.com/apartment.

52 Foi por isso que vi todos aqueles coelhos em gaiolas no seu apartamento?

53 Bem, não *muito* loucos.

54 Tipo muito, muito básico.
55 Minha mãe entrando no site uma vez por dia não está incluída nessa conta, certo?
56 A não ser que você considere apertar os botões do controle remoto um trabalho.
57 Amém. Conheço homens de mais de trinta anos que jogam videogame mais de cinco horas por dia.
58 Felizmente, Joshua continuou comprando produtos de higiene pessoal.
59 Não é coincidência que o número médio de horas que Josh passava na minha casa — no *meu* notebook — tenha aumentado drasticamente nessa época.
60 Só tem um jeito de descobrir. E, embora seja frustrante no começo, é uma experiência iluminadora.
61 Agora estamos sempre a um passo — ou um *clique* — de distância.
62 Ele não está brincando. Em um esforço para ajudar a me organizar quando eu estava na casa dos 20 anos, Joshua me mandou uma tabela de "objetivos" (literalmente!), com um elaborado código de cores e fórmulas intrincadas (e incompreensíveis de tão complexas).
63 Você encontra um esquema detalhado da dieta de Joshua em themins.com/diet.
64 E se a polícia estiver correndo atrás de você?
65 O descontentamento se instala quando começamos a viver a vida por todos exceto nós mesmos.
66 Depois de vinte anos, você sabe que a pontualidade não é minha característica mais brilhante.
67 29 de setembro de 2011 foi o dia em que fui empurrado à força na direção de uma vida com mais significado. Eu me sentei na sala de reunião demasiadamente iluminada e escorreguei um presente de aniversário para o outro lado da mesa. Era o aniversário do meu chefe. Faltava menos de um mês para eu completar 30 anos. Foi também o dia em que perdi o emprego.

Meu chefe, o chefe do meu chefe e uma mulher do RH estavam sentados do outro lado da mesa de reunião grande e meticulosamente polida. Meu chefe balançou a cabeça e franziu a testa. Eu sabia que isso não era um bom sinal — se ver em uma sala com seu chefe, o chefe dele e o RH não é a típica receita para o otimismo —, mas meu primeiro pensamento foi: *Que droga para ele ter que me demitir no dia do meu aniversário.*

— Eliminamos sua posição na última rodada de cortes. Essa mudança passa a valer imediatamente — disse a mulher do RH.

E foi aí que tudo mudou.

Sete meses depois que Joshua largou o emprego, fui despedido sem aviso prévio, sem alerta amigável, sem antecedência — pego de surpresa após trabalhar muito duro por uma empresa. Sete anos, oito cargos, vivendo o Sonho Corporativo — tudo acabou em um instante.

— Você tem alguma pergunta antes de o RH lhe explicar os detalhes? — perguntou meu chefe.

Não, eu não tinha perguntas. Apenas fiquei sentado lá, pensando: *Esta é a melhor coisa que poderia acontecer comigo.*

Foi como se um peso gigantesco saísse dos meus ombros. Eu não estava feliz fazia um tempo; sabia que era hora de partir para outra, e esse foi o empurrão de que precisava para me jogar do abismo (*ops*, quero dizer, da estrutura) da "América Corporativa".

Foi o empurrão de que precisava para me concentrar em tempo integral em minhas paixões, o empurrão de que precisava para concentrar meu tempo nas coisas importantes da vida: minha saúde, meus relacionamentos, meu crescimento como indivíduo, em contribuir para outras pessoas de forma significativa. Essa era a mudança drástica de que eu precisava.

Felizmente, minha transição gradual ao minimalismo me permitiu comprar menos, gastar menos, cortar a maioria das contas, quitar a maior parte das dívidas, economizar um pouco e viver com menos. Claro que eu ainda precisaria fazer alguns outros cortes: entrei em contato com uma imobiliária para vender meu imóvel. Também estou tentando vender o carro. Mas nada disso importa no quadro geral — estou livre!

Estou animado para me dedicar a algo pelo qual sou apaixonado. Até onde consigo lembrar, mesmo quando era adolescente com uma penca de irmãos mais novos, ser mentor é minha paixão. Dar mentorias também era a parte mais divertida de minha carreira corporativa. Infelizmente, muitas coisas ocorreram no mundo corporativo que me impediram de dedicar boa parte do meu tempo a essa paixão.

Mas, graças ao sucesso de *The Minimalists*, vou poder fazer o que amo. Mesmo que ganhe bem menos, terei a oportunidade de fazer mentoria on-line sem me preocupar em encontrar outro emprego corporativo.

Ainda mais importante: vou ter mais tempo para as pessoas que amo. Essa foi uma grande dificuldade para mim desde que comecei a avançar na hierarquia corporativa. Conforme crescia na minha carreira e era promovido, não era raro trabalhar sessenta ou setenta horas por semana e perder o contato com a família e amigos próximos. Comecei a sentir que o trabalho era mais importante que meus relacionamentos. Eu acreditava que as pessoas entenderiam por que eu andava sumido. E algumas entendiam, mas a sensação não era boa. Não parecia certo. Não podemos deixar os amigos e a família de lado e achar que vamos nos sentir realizados.

Sinto alegria depois da demissão, mas não vou mentir: também tenho medo dessa transição. Só não vou deixar que esse medo me impeça de viver de forma significativa. Não, não acho que você precise largar o emprego para ter uma vida com significado; mas, para mim, foi o empurrão necessário para reequilibrar minha vida.

Se estiver encarando uma situação parecida (talvez esteja em dúvida quanto a seu trabalho, ou não saiba se deveria ir atrás de suas paixões), talvez você esteja procurando aconselhamento. Bem, não tenho todas as respostas, mas tenho comprometimento em acrescentar valor onde puder. Então, sinta-se à vontade para me mandar um e--mail — RN@themins.com —, e talvez eu possa ajudá-lo a encontrar a direção correta.

68 É, se você soubesse o nome de qualquer dessas constelações.

69 Bem, isso sem dúvida poderia ser levado na maldade.

70 Uma cidade à qual alguns locais se referem sarcasticamente como "G. Vegas", por causa de suas luzes neon com quantidade, luminosidade e feiura exageradas.

71 Sempre adorei o fato de Colleen usar palavrões de forma frequente e liberal.

72 Assim, mais um chavão acaba sendo verdade: dar é viver.
73 Johnnie Walker não é exatamente mijo.
74 Duas vezes.
75 Foi a última vez que forcei você a comer glúten.
76 Bem, Joshua foi, provavelmente porque ele se parece demais com o Christopher Walken jovem.
77 Inacreditável, mas totalmente verdade.
78 Também é verdade. Aliás, você pode seguir nossa banda falsa, Love by Proxy, no Twitter: @LoveByProxy.
79 Eca!
80 Os mais notáveis foram uns adesivos idiotas que envolvem diferentes usos "criativos" da bandeira dos estados confederados.
81 *Cof, cof,* nosso "ônibus de turnê" é, na verdade, meu Toyota Corolla de dez anos.
82 Sem brincadeira: até quando neva, o que acontece bastante no inverno, o sol teima em aparecer.
83 Não foi o Unabomber (e não Thoreau) que se mudou para uma cabana no meio do nada em Montana?
84 Além disso, ao contrário de Thoreau, temos internet. Tudo bem, tivemos que convencer a empresa de telefonia local a instalar um cabo até a casa (o cabo original tinha sido cortado muito tempo antes). Felizmente, tínhamos trabalhado na indústria telefônica por um tempo, então sabíamos com quem falar e como fazer acontecer, um feito relativamente impressionante para um lugar onde nem o correio faz entregas. O que, falando nisso, também significa que precisamos arrumar uma caixa postal e ir de carro até a cidade para pegar nossa correspondência.
85 O livro que você está lendo agora.
86 Você pode fazer um tour fotográfico de nossa cabana em themins.com/cabin.
87 Você anda fazendo xixi no nosso chuveiro?
88 Mel, apelido de *Melissa*, embora seja uma Melissa totalmente diferente da mencionada no Capítulo 6.

89 E, humm, metaforicamente, espero.

90 Não deveria ser o "sonho canadense"? Só perguntando.

91 Em setembro, o volume de trabalho de filtrar pedidos de entrevistas e marcar eventos de turnê e coisas assim se tornou demais para amadores como nós, então contratamos Sarah Miniaci, nossa relações-públicas maravilhosamente talentosa, fabulosamente focada e incrivelmente fotogênica.

92 Isso não é verdade: já vi você pegar um martelo várias vezes... e passá-lo para mim.

93 Millie pediu água com limão. Acho que isso conta como "drinque".

94 A única experiência de Jona nos Estados Unidos tinha sido uma viagem de infância à Disneylândia, então Colin disse que queria mostrar "os verdadeiros Estados Unidos" para ela.

95 Uma ideia de negócio? Mais para um infográfico confuso e feito a mão.

96 Que, por sinal, é a melhor cafeteria do país. Joshua escreveu um texto sobre ela em themins.com/coffee.

97 Se tiver interesse, você pode saber mais sobre a Asymmetrical em www.asymmetrical.co/about.

98 Acesse www.asymmetrical.co/authors para mais informações.

99 Durante nossa primeira semana na cidade, um casal lésbico armado nos convidou para comer o alce que havia sido caçado recentemente. As mulheres eram vegetarianas, assim como Joshua e eu, o que significa que sobrou bastante alce para Colin.

100 Missoula é um lugar em que o melhor burrito da cidade é servido em uma pizzaria.

101 E não apenas por causa de nossas piadas sem graça e imaturas.

102 Ou sobre uma base falha.

103 Ambas as emoções — medo e empolgação — tendem a gerar reações fisiológicas idênticas: batimentos cardíacos acelerados, pupilas dilatadas, palmas das mãos suadas; esse tipo de atenção ajuda muito no crescimento pessoal.

104 É difícil acreditar que faz mais de dois anos que começamos o TheMinimalists.com. Estranhamente, também é difícil acreditar que faz só dois anos. Passou tão rápido, e ao mesmo tempo tanta coisa aconteceu nesses últimos dois anos.

105 Comentário aleatório: cerca de um terço das garotas em Missoula parecem se chamar Katie, Kate ou Kathryn. Kathleen, KT, Kat e outras variações também são comuns. Não faço ideia do que isso significa.

106 Verdade. O mesmo telefone está em exibição no MoMA.

107 Leia sobre a lista de necessidades/desejos/gostos de Joshua em www.themins.com/want.

108 Acho que, às vezes, o final não é de fato o fim.

Este livro foi composto na tipografia Minion Pro, em corpo 12/15,5, e impresso em papel off-white no Sistema Cameron da Divisão Gráfica da Distribuidora Record.